SCHUPPENFLECHTE „Ade“

Marianne Sebök

SCHUPPENFLECHTE „Ade"

Genesung, die von innen kommt

Meine bewährten Rezepte für eine gesunde Haut

Unimedica

INHALT

REZEPTE

VORWORT

Genesung, die von innen kommt. Fühlen Sie sich körperlich widerstandsfähig und kräftig, oder geht Ihnen schnell die Luft aus? Beginnt Ihr Tag müde, oder greifen Sie ihn energiegeladen, voller Tatendrang und mit Lebensfreude an?

Diese Energie, dieses sich „Wohlfühlen", diese ansteckende Lebensfreude hängt nicht zuletzt auch davon ab, wie wir uns ernähren. Mit meinen bewährten Rezepten versuche ich Gesundheit und Genuss zu vereinen. Seien Sie kreativ – alle Rezepte in diesem Buch dienen Ihnen als Starthilfe. Passen Sie die Rezepte Ihren Gesundheitsbedürfnissen und Ihrem Geschmack an.

Knackiges Gemüse roh oder kurz gebraten, Nüsse mit ihren wertvollen Aminosäuren, frische Wild- und Heilkräuter, Getreide, Kartoffeln und Fisch sind mit ihren Vitalstoffen, ihren Vitaminen, Mineralstoffen, Spurenelementen und Ballaststoffen der perfekte Weg zu einer gesunden Ernährung und Lebensweise.

Sie merken schon, es ist mir wichtig, nicht irgendwie nur satt zu werden, sondern satt mit Genuss auf gesundem Niveau.

Allerdings gehört zum „gesund werden und gesund bleiben" ein bisschen mehr als „nur" ausgewogene Ernährung. Es wartet ein Gesamtpaket auf Sie! Das Gesamtpaket beinhaltet eine Ernährungsumstellung, körperliche Aktivitäten, Stressabbau, positives Denken, immunsystemstärkende Maßnahmen und Freude am Leben.

Packen Sie's an! Bieten Sie Ihrer Krankheit, der Schuppenflechte, Paroli!
Ich wünsche Ihnen gute Genesung.

Rimsting, im Herbst 2016
Marianne Sebök

GRUNDLAGEN

WARUM SCHREIBE ICH DIESES BUCH?

Wurde denn nicht schon viel zu viel über die Schuppenflechte geschrieben? Ich denke schon, dass es viele Informationen in den heutzutage erhältlichen Büchern gibt, aber nichts über die mögliche Selbstheilung, die allein durch naturheilkundliche Verfahren – ohne Einsatz irgendwelcher Medikamente – zur Genesung führt. Und genau diese Schilderung einer möglichen Selbstheilung macht mein Buch zu etwas Besonderem.

Es ist meine persönliche Überzeugung, dass durch eine gesunde Ernährung und Lebensweise ein beschwerdefreies Leben mit einer wieder gesunden Haut, ohne Einsatz von Medikamenten, möglich ist. Eine gewagte Behauptung! Wer bin ich, dass ich mich traue, mit dieser These an die Öffentlichkeit zu gehen? Ich bin, war Betroffene, geplagt von der „unheilbaren" Schuppenflechte.

2005 erhielt ich von meinem Arzt die erschütternde Diagnose, die lautete: Extrem ausgeprägte Psoriasis vulgaris, „Sonderform der Psoriasis mit Pustelbildung". Pusteln mit gerötetem Grund, begleitet von Fieber und schweren Allgemeinsymptomen. Nach umfangreichem Literaturstudium über die Krankheit und einer Ärzte-Odyssee wurde mir klar, dass ich von der Schulmedizin keine Heilung zu erwarten hatte, sondern lediglich eine Linderung der Symptome durch Medikamente. Ich strebte jedoch nicht nur eine Linderung der Symptome an, mein Ziel war: Ich wollte meine Gesundheit zurück. Somit gab es nur noch einen Weg für mich: Ich musste meine Genesung selbst in die Hand nehmen. Aber wie?

Das Geheimnis der Selbstheilung liegt darin herauszufinden, was der Körper unterstützend für seine Gesundung benötigt. In meinem Fall bedeutete dies: Stärkung des Immunsystems durch Stressabbau, vitaminreiche Ernährung, innere Zufriedenheit und genügend Bewegung an der frischen Luft.

Ich habe gekämpft, bin den Weg des Widerstandes gegangen, habe Eigenverantwortung für meine Krankheit übernommen und mich von der unheilbaren Schuppenflechte befreit. Seit zehn Jahren lebe ich beschwerdefrei ohne Medikamente.

In meinem Buch – Schuppenflechte Selbstheilung ohne Medikamente – gebe ich viele praktische Anleitungen, z. B. wie Sie Stress bewältigen, Ballast abwerfen und sich Zeit fürs Zeithaben gönnen. Ergänzt wird das Buch durch Saftrezepturen, Yogaübungen, Kneippanwendungen und Hautpflegetipps. Dieses Buch, **Schuppenflechte Ade**, soll allen, die gesund sein, gesund bleiben oder gesund werden wollen, als Wegweiser dienen. Und wenn Sie jetzt noch an Genesung glauben, steht Ihrer Selbstheilung nichts mehr im Weg!

VOLKSKRANKHEIT SCHUPPENFLECHTE

WAS IST SCHUPPENFLECHTE?

Schuppenflechte oder Psoriasis, so der medizinische Fachbegriff, ist eine weltweit verbreitete, schwere Autoimmunerkrankung, die nicht nur auf der Haut in Form von geröteten Plaques und Juckreiz sichtbar und spürbar ist, sondern auch auf Augen und Gelenke übergehen kann und dadurch erhebliche Auswirkungen auf das gesamte Wohlbefinden und die Gesundheit hat. Die Psoriasis gilt als Risikofaktor für Erkrankungen des Herz-Kreislauf-Systems, sie kann auch mit Bluthochdruck und Diabetes einhergehen. Auch deshalb ist die Schuppenflechte eine mehr als ernstzunehmende Erkrankung.

Die Schuppenflechte führt zu ganz charakteristischen Hautveränderungen und ist mit ihren silbrig-weißen schuppenden, geröteten Plaques eine der häufigsten Hauterkrankungen in den dermatologischen Praxen. Es gibt bevorzugte Stellen am Körper, an denen die Schuppenflechte auftritt, z. B. an den Beinen, Ellenbogen, Händen, am Bauch, aber auch am Rücken und am Hinterkopf. Es können nur kleine Stellen der Haut betroffen sein oder, wie bei mir, große Areale.

URSACHEN

Was letztendlich die Psoriasis auslöst, ist bis heute nicht vollständig geklärt. Es wird vermutet, dass psychischer und physischer Stress, toxische und allergische Reaktionen sowie eine ungesunde Lebensweise dazu beitragen, den Ausbruch der Krankheit zu fördern. Eine genetische Veranlagung kann auch nicht ausgeschlossen werden, wobei es kein isoliertes Psoriasis-Gen gibt: Stattdessen gibt es eine Vielzahl von Auslösern für die

Überreaktion der Haut, wie z B. Infektionskrankheiten, Stress und Klimafaktoren.

SCHULMEDIZINISCHE THERAPIE

Die schulmedizinische Behandlung der Schuppenflechte orientiert sich am Schweregrad des Befalls und am Umfang der betroffenen Hautareale. Salben, Solebäder und UV-Bestrahlung lindern die leichteren Formen der Erkrankung. In schweren Fällen werden Medikamente wie Kortison, das Immunsystem unterdrückende Medikamente, sogenannte Immunsuppressiva oder Biologika verordnet, wodurch die Symptome zwar vorübergehend gelindert werden, jedoch meist folgenschwere Nebenwirkungen auftreten. Die Schuppenflechte gilt laut Schulmedizin nach wie vor als unheilbar.

Würde man „unheilbar" ersetzen durch „unheilbar mit den heutigen Mitteln der konventionellen Medizin", so würde diese Aussage im Bewusstsein vieler Betroffenen anders wahrgenommen werden. Das Wort „unheilbar" ist hoffnungslos, es verbreitet etwas Endgültiges! Etwas, womit man bis ans Ende seiner Tage leben muss! Der Begriff „unheilbar" lähmt und beeinflusst unsere Gedanken und somit die Aktivität der Selbstheilungskräfte unseres Körpers negativ.

Hätte ich die Diagnose meines Arztes „unheilbare Schuppenflechte" nicht hinterfragt und mich nicht selbst über die Entstehung und den Krankheitsverlauf der Psoriasis informiert, wäre ich heute unheilbar chronisch krank und würde an den Folgeerkrankungen Diabetes mellitus, Bluthochdruck und Durchblutungsstörungen leiden. Ich wäre Dauerpatient und würde meinen Beitrag zur Unterstützung und Erhaltung der Pharmaindustrie leisten. Ich bin jedoch ausgestiegen, habe Eigenverantwortung übernommen und meine Gedanken in eine positive Richtung gelenkt. Heute bin ich gesund und fühle mich in meiner Haut wieder wohl.

Natürlich wäre es auch für mich einfacher gewesen, die Verantwortung für meine Krankheit meinem Arzt zu überlassen. Nur, wo würde ich heute stehen? Würde ich heute beschwerdefrei und gesund leben? Wohl kaum!

SCHUPPENFLECHTE UND IMMUNSYSTEM

Die Schuppenflechte gehört zu den Autoimmunerkrankungen. Das sind Erkrankungen, bei denen sich das Immunsystem gegen körpereigenes Gewebe richtet. Im Fall der Psoriasis greift das fehlgesteuerte Abwehrsystem die Zellen der Oberhaut (Epidermis) an, indem sich diese krankhaft vermehren.

Während eine gesunde, neu gebildete Hautzelle normalerweise ca. 28 bis 30 Tage benötigt, um aus der Unterhaut (Subkutis) an die Oberfläche zu gelangen, ist dieser Prozess bei Psoriasis krankhaft stark beschleunigt und dauert nur einige Tage. Die sich schnell vermehrenden Hautpartikel türmen sich aufeinander liegend regelrecht auf, entzünden sich und bilden Krusten, von denen tausende kleine silbrige-weiße Schuppen abfallen. Schuld daran ist nicht die Haut selbst, sondern unser Immunsystem, das überreagiert.

Ein funktionierendes, gesundes Abwehrsystem – die Polizei in unserem Körper – ist eine gute Garantie dafür, dass Krankheitserreger wie Viren, Bakterien, Parasiten und Fremdstoffe, mit denen wir täglich in Berührung kommen, abgewehrt, bekämpft und beseitigt werden.

Unser Immunsystem wird durch Medikamente, Umweltschadstoffe, falsche Ernährung oder auch durch den Mangel an bestimmten Vitaminen und Mineralien in der Nahrung stark belastet. Auch Stress schwächt es gravierend. Es sollte jedoch unterschieden werden, um welche Art von Stress es sich handelt, der unser Immunsystem schwächt. Denn Stress an sich ist gesund! Gefährlich wird es allerdings, wenn sich aus dem kurzfristig auftürmenden Stressgefühl ein dauerhaft belastender Stress entwickelt und unser Abwehrsystem lahm legt. Eine Art Stresskaskade wird im Körper ausgelöst, sodass der Stresshormonspiegel im Blut krankhaft erhöht ist. Kortisol, unser Stresshormon, schwimmt dann in rauen Mengen in der Blutbahn und verhindert, dass die Immunzellen Antikörper produzieren. Und schon haben Bakterien, Viren sowie körpereigene krankhafte Zellen freien Lauf, unseren Organismus anzugreifen.

Ein starkes Immunsystem ist in der Lage, die natürlichen Selbstheilungskräfte des Körpers wiederherzustellen und so zu stärken, dass es sich auf die wichtigste Aufgabe konzentrieren kann – uns gesund zu erhalten. Wenn es gelingt, die Abwehrkräfte zu mobilisieren, kann sich der Organismus – ausgehend vom Darm, dem Sitz der Gesundheit – wiederherstellen, selbst dann, wenn eine Krankheit als unheilbar gilt.

Deshalb lohnt es sich in vieler Hinsicht, die Gesundheitspolizei in unserem Körper, das Immunsystem, in seiner komplexen Funktionalität zu unterstützen. Insbesondere Menschen, deren Abwehrkräfte geschwächt sind, sollten durch eine gesunde, möglichst stressfreie Lebensweise vorbeugen.

DER ERFOLGREICHE WEG ZU EINER GESUNDEN HAUT

ERNÄHRUNG ALS WICHTIGES MITTEL

Warum steht für mich die Ernährung zur Bewältigung der Schuppenflechte im Vordergrund? Meine Devise, nach der ich weitgehend lebe, ist: Meine Nahrung ist meine Medizin, und meine Medizin ist meine Nahrung. Unsere Nahrung und ihre Wirkung auf unser Immunsystem sind eng miteinander verbunden. Ist nicht die Stärkung der körpereigenen Abwehr Voraussetzung für jegliche Genesung?

Wenn es mir gelingt, mithilfe aller Maßnahmen mein Immunsystem so zu kräftigen, dass ich der Schuppenflechte den Nährboden entziehe, muss es Genesung geben. Zudem – so meine Devise – muss, sobald eine Heilmethode nicht anschlägt, eine andere probiert werden. Denn es werden Lösungen nur dann erreicht, wenn die Ursache der Erkrankung aufgespürt und mit der Erkenntnis verantwortungsvoll umgegangen wird. Mut zum Scheitern gehört ebenfalls zu einem verantwortungsvollen Umgang dazu. Nicht gleich das Handtuch werfen, wenn sich in den ersten Monaten nicht sofort eine Besserung zeigt. Biss, Disziplin, gute Planung und Freude am Leben helfen, das gewünschte Ziel zu erreichen.

Seien Sie sich auch klar darüber, dass Gesundheit nicht binnen einer Nacht durch Wundermittel wieder hergestellt werden kann. Gesund zu werden braucht Zeit.

Es ist mir bewusst, dass ich mit meiner Behauptung „Schuppenflechte durch naturheilkundliche Verfahren bekämpfen", Institutionen angreife.

Nur, wer hat das erfolgreiche Konzept in der Hand, die Schulmedizin? Gilt nicht die Devise – wer heilt, hat recht?

Meine Empfehlung: Wecken Sie Ihre Immunkräfte, mobilisieren Sie ihren inneren Arzt und aktivieren Sie Ihre Selbstheilungskräfte! Brechen Sie alte Verhaltensmuster auf! Der Zugang dazu kann auf der körperlichen, der emotionalen, der geistigen oder der spirituellen Ebene sein. Wichtig ist, die ersten Schritte zu tun! Ihr Körper wird Sie reichlich mit Vitalität, Schönheit sowie physischer, seelischer und geistiger Gesundheit belohnen.

Wenn Sie das Ziel erreichen möchten, wieder beschwerdefrei zu sein und eine schöne, gesunde Haut ohne Juckreiz und rote Flecken zu haben, so ist „mein Gesamt-Konzept" der Weg zum Erfolg, den es sich anzustreben lohnt. Sie haben nichts zu verlieren, Sie können nur gewinnen!

GESUNDE ERNÄHRUNG UND LEBENSWEISE

Eine gesunde Lebensweise beinhaltet eine vitaminreiche ausgewogene Ernährung, wobei meiner Meinung nach der Rohkostanteil der Nahrungsquelle unbedingt bei über 50 % liegen sollte. Denn je natürlicher die Nahrung ist, die wir zu uns nehmen, d. h. je weniger die Nahrung denaturiert wird, umso heilsamer ist sie. Denaturierte Nahrung ist tote Nahrung, sie nährt unseren Organismus nicht, sondern macht nur satt.

Unser Körper benötigt die Energie, die ihm aus gesunderhaltenden Nahrungsmitteln zur Verfügung gestellt wird. Allerdings kann mit einer gesunden Ernährung die Schuppenflechte nur gelindert werden. Es ist nämlich die Summe, das Gesamtpaket der praktizierten Maßnahmen, die den Erfolg der Gesundung garantiert. Wenn Sie Ihrem Körper das notwendige immunstärkende Bewegungsprogramm und eine positive mentale Einstellung vorenthalten, werden Sie Ihr Ziel, wieder gesunde Haut zu zeigen, kaum erreichen.

Zu einer gesunden Lebensweise gehören auch erholsamer Schlaf und ausreichend Bewegung an der frischen Luft in Form von Spazierengehen oder Nordic Walking. Die Aktivität oder die Entspannung in der Natur baut Stress ab, lässt unsere Gedanken zur Ruhe kommen und wirkt harmonisierend auf die Psyche. Psyche und Immunsystem sind eng miteinander verbunden. Wenn die Seele ihre Sprache verliert und verstummt, bekommt der Körper dies zu spüren und wird krank. Unser Körper zeigt dann z. B. über die Haut (Schuppenflechte) deutlich sein Unwohlsein. Er sagt uns auf diese Weise, dass die Psyche Aufmerksamkeit, Streicheleinheiten sowie Pflege benötigt, um wieder zu genesen.

Dementsprechend wirkt sich eine ungesunde Lebensweise mit stark verarbeiteten Lebensmitteln sowie Fastfood, kurzen Nächten und wenig Bewegung ungünstig auf unseren Organismus und somit auch auf unser größtes Organ, die Haut, aus. Eine ungesunde, vitaminarme Ernährung schwächt unser Abwehrsystem. In Mikrowellen erwärmte und gekochte, in Dosen konservierte Lebensmittel, Fertiggerichte mit Chemikalien und Konservierungsmitteln durchsetzt, all das ist Nahrung, die nicht mehr natürlich ist. Die stärkste Wirkung, die Nahrungsmittel auf unseren Körper haben, zeigen sie in ihrer von der Natur gegebenen Form.

Schuppenflechte entsteht nicht über Nacht, sie ist das Ergebnis einer langfristigen Verletzung grundsätzlicher Ernährungs- und Lebensregeln.

Eine Lebensweise, die dauerhaften Stress begünstigt und aus dem Stress resultierend mit einer ungesunden Ernährung einhergeht, ist eine Lebensweise, die meistens in die Krankheit führt.

Um wieder gesund zu werden, sind unsere Lebensmittel unsere wichtigsten Heilmittel. Eine sinnvolle Ernährung mit viel frischem Obst und Gemüse soll nicht nur lecker schmecken, sie sollte auch den Körper umfassend mit den notwendigen Betriebsstoffen versorgen. Bevorzugen Sie also eine Ernährungsweise, welche die Vitamine und Mineralien optimal schützt und erhält. Jede Nahrung, die stark erhitzt wird, ist leider denaturiert.

Meine Genesung habe ich erreicht, indem ich alle mir zur Verfügung stehenden Mittel hartnäckig ausgetestet und meine Ernährung umgestellt habe. Zudem habe ich mich ausreichend und regelmäßig bewegt, darauf geachtet, negativen Stress zu vermeiden und ich hatte das starke Verlangen, wieder gesund zu sein. Die Kraft der Gedanken wird immer noch von vielen Menschen als „Unsinn" abgetan. Dabei beeinflusst die seelische Einstellung den Körper enorm. Wenn wir gesund denken – bewegen wir uns in die richtige Richtung.

Meine Ernährungsumstellung auf gesunde Nahrung, die ich gleichzeitig mit einer gesunden Lebensweise verbinde, hat nichts mit „Verzicht“ zu tun. Ich gönne mir vieles, nur eben in Maßen! Mal eine Tasse Kaffee, ein kleines Stück Kuchen oder ein Rippchen Schokolade schadet nicht, das verkraftet der Körper. Es darf jedoch unter keinen Umständen ein Dauerzustand werden.

Nun könnte der Verdacht entstehen, dass ich nur Rohkost zu mir nehme. Das wäre zwar ideal, ist aber leider nicht realistisch. Ein wesentlicher Bestandteil meiner Ernährung heute ist gekochte Nahrung. Jedoch versuche ich „Rohes“ so oft und so viel, wie es mir irgendwie möglich ist, zu essen. Allerdings habe ich während meiner Heilphase 2006 für sechs Monate nur Rohkost zu mir genommen.

GENESUNG, DIE VON INNEN KOMMT

Ist es eine gesunde Lebensweise einhergehend mit einer vitalstoffreichen Ernährung, welche die Selbstheilung im Körper antreibt, oder sind es positive, heilende Gedanken, Meditation, welche die Aufmerksamkeit zu den gestörten Körperfunktionen leiten, um diese wieder ins Lot zu bringen?

Es gilt als gesichert, dass viele nachweisbare Wechselwirkungen zwischen unserem Gehirn und anderen Organen bestehen. Es ist wissenschaftlich jedoch nicht erwiesen, dass eine gesunde Ernährung eine chronische Krankheit wie die Schuppenflechte heilt. Gesichert ist allerdings, dass falsche Ernährung und eine ungesunde Lebensweise die Entwicklung der Krankheit begünstigen.

Genauso wie unsere Nahrung die Quelle unserer Gesundheit ist, ist sie auch häufig die Ursache vieler Krankheiten. Eine gesunde abwechslungsreiche Ernährung gibt unserem Körper, was er benötigt, um das Immunsystem auf Vordermann zu bringen, damit dieses seine Aufgabe, uns gesund zu erhalten, erfüllen kann.

Es gibt viele Ernährungsratschläge, aber keine, die mir bekannt sind, die von Betroffenen, wie ich eine war, ausprobiert wurden und erfolgreich zur Genesung geführt haben.

Nehmen Sie sich Zeit für Ihre Gesundung. Spüren Sie Ihren Körper, spüren Sie, was ihm gut tut und was nicht. Er versucht durch Reaktionen, z. B. durch einen erneuten Ausbruch oder auch ein Abklingen entzündlicher Hautstellen, Ihnen mitzuteilen, wie es ihm geht. Unser Körper ist sehr mitteilungsbedürftig. Leider nehmen wir uns nicht mehr die Zeit, seine Reaktionen, seine Hilferufe zu deuten.

* Achtsam sein, nicht nur auf das, was um uns herum geschieht und von außen auf uns einwirkt, sondern auch achtsam in unser Inneres hören.

KRANKHEITSAUSLÖSER

Es gibt folgende Provokatoren, die bei entsprechend veranlagten Personen den Ausbruch der Krankheit fördern:

- Medikamente, z. B. Betablocker
- Virusinfekte
- Stress
- Falsche Ernährung (die oft durch Stress ausgelöst wird)
- Alkohol
- Verletzung der Haut
- Schädliche Umwelteinflüsse (Sonnenbrand oder Kälte)
- Übergewicht
- Wenig körperliche Bewegung
- Unruhiger oder zu wenig Schlaf
- Psychische Belastungen sowie Schock-Erlebnisse (etwa der Tod eines geliebten Menschen), Liebeskummer, Ängste, oder Mobbing

ZU MEIDENDE NAHRUNGSMITTEL

- Zucker, Süßstoffe, gezuckerte Getränke (Cola, Limonaden)
- Zuckerhaltige Speisen (Schokolade, Bonbons, Backwaren)
- Räucherwaren (Wurst, Fisch)
- Erdnüsse
- Knabbereien wie z. B. Chips, Kekse etc.
- Fertigprodukte (Soßen, Dosenfisch)
- Fertiggerichte – Fast Food enthält künstliche Zusätze
- Alkoholische Getränke
- Säurehaltiges Obst (Orangen, Mandarinen)
- Kochsalz
- Sehr fette Speisen (Schwein, Gans, Ente)
- Minderwertige Öle und Fette
- Erhitztes Getreide und Produkte daraus (Brot, Semmeln)

ZU BEVORZUGENDE NAHRUNGSMITTEL

- Frisches naturbelassenes Obst, Gemüse und Salate
- Wild- und Heilkräuter sowie grünes Blattgemüse
- Nüsse, Kerne und Samen
- Hochwertige pflanzliche Öle
- Heilwasser und Kräutertees
- Meer- oder Steinsalz (Ur-Salz)
- Honig als Zuckerersatz
- Wildfrüchte
- Hirse, Quinoa und Amaranth sind glutenfreie Getreidesorten. So oft wie möglich statt der üblichen Teigwaren verwenden.
- Bei einer gesunden Ernährung wird der Fleischkonsum bewusst reduziert, auf weißen Zucker wird komplett verzichtet, und Getreideprodukte werden stark eingeschränkt. Stattdessen gibt es Obst, Gemüse und Salate in rauen Mengen. Wenn gekocht wird, bitte nur kurz und schonend zubereiten, damit die wertvollen Vitamine erhalten bleiben.

ERNÄHRUNGS-GRUNDLAGEN

MEIN ERNÄHRUNGSKONZEPT

1 Rohkost (Salate, Gemüse, Obst) so oft und so viel wie möglich zuführen. Wobei ich säurefreies Obst wie alle Melonenarten, Mango, Papaya, reife Birnen, Bananen, Feigen und Avocados bevorzuge. Zitrusfrüchte wie Orangen und Mandarinen enthalten hingegen viel Säure, die einen Krankheitsschub auslösen können.

2 Ich ziehe regionale, saisonale Obst-, Salat- und Gemüsesorten importierter Ware vor. Regionale Obst- und Gemüsesorten werden in der Regel reif geerntet, verfügen deshalb über einen höheren Vitamingehalt und legen kürzere Transportwege zurück, was Vitamine und Umwelt schont.

3 Die Vielfalt der Lebensmittel gibt dem Körper eine gute Chance, dem Organismus die notwendigen überlebenswichtigen Vitamine und Mineralien sowie Spurenelemente zuzuführen.

4 Frische Kräuter haben Mineralsalze, die oft den Zusatz von Salz als Geschmacksträger ersetzen.

5 Vollkornprodukte fördern die Gesundheit, da im vollständigen und ungeschälten Getreidekorn wertvolle Nährstoffe, Vitamin E, der Vitamin-B-Komplex und Mineralstoffe wie Selen, Zink, Kupfer, Eisen, Magnesium und Phosphor enthalten sind. Heute werden zum Großteil Produkte aus raffiniertem Getreide gegessen, die bei hohen Temperaturen verarbeitet und außerdem, zum Beispiel beim Brot, Zusätze wie Farbstoffe, Aromen, Backhilfsmittel und zu viel Salz enthalten. Diese gehören keineswegs zu einer gesunden Ernährung.

6 Jedes Nahrungsmittel, das stark erhitzt wird, ist leider denaturiert. Je natürlicher und unveränderter die Nahrung, die wir zu uns nehmen, desto heilsamer ist sie. Deshalb sollte Gemüse z. B. nur kurz angebraten oder leicht angedünstet werden, um wertvolle Vitamine zu erhalten.

7 Wer nicht auf tierische Lebensmittel verzichten möchte, sollte sich nur mageres Fleisch in kleinen Portionen als Beilage gönnen, und das höchstens ein- bis zweimal wöchentlich. Wichtig ist, arachidonsäurereiche Nahrungsmittel, wie Wurst und fettreiche Fleischsorten, zu reduzieren und stattdessen Lebensmittel zuzuführen, die reich an Omega-3-Fettsäuren (Meeresfisch) sind.

8 Der übermäßige Verzehr von Süßem wie Kuchen, Kekse, Schokolade, zuckerhaltigen Getränken (Cola, Limonaden) erhöht nicht nur das Risiko, an Psoriasis zu erkranken, sondern kann die Entwicklung der Krankheit sogar begünstigen. Deshalb sollte der Verzehr von Süßem reduziert – besser noch – Süßes auf dem Speiseplan gestrichen werden.

9 Trinken Sie genügend Wasser. Wasser unterstützt die Entsäuerung des Körpers über die Haut, die Nieren, den Darm und die Atemwege. Auch Kräutertees wie Brennnessel- und Zinnkraut-Tee helfen aufgrund ihrer blutreinigenden Wirkung.

10 Halten Sie Maß: Essen Sie über den Tage verteilt kleine Mahlzeiten. Dadurch bleibt die große Hungerattacke aus, was oft passiert, wenn die Mahlzeiten zu groß sind.

11 Ich esse Brot. Allerdings kein mit Hefe gebackenes Brot, sondern nur Sauerteigbrot, das ich auf eine Scheibe pro Tag begrenze. Meiner Meinung nach ist unser gesamter Getreideverzehr viel zu hoch. Je mehr Getreideprodukte wir essen, umso eher verzichten wir auf Gemüse, Obst und Salate. Getreide enthält aber deutlich weniger Vitalstoffe als Gemüse, Obst und Salate und begünstigt daher bei zu üppigem Verzehr eine Mangelernährung.

12 Alkohol: Ein Gläschen in Ehren gilt in der Regel als unproblematisch. Regelmäßiger, das heißt täglicher Alkoholkonsum kann eine bestehende Psoriasis anfeuern aber auch, wenn mehrere Provokatoren sich „verbünden", sogar auslösen.

ERNÄHRUNGSTIPPS

- Obst (alle Obstsorten) sollten immer auf leeren Magen gegessen werden.
- Essen Sie keine Nachspeise (Eis, Pudding), auch nicht in Form von gesunden Früchten. Sie stören die gesunde Verdauung und führen zu Gärprozessen im Darm, was wiederum Unwohlsein verursacht.
- Obst benötigt etwa 30 Minuten, bis es verdaut ist. Warten Sie so lange, bevor Sie etwas anderes zu sich nehmen.
- Richtig kombinierte rein pflanzliche Mahlzeiten machen satt und sind leicht verdaulich.
- Eine Mahlzeit mit Fleisch benötigt ca. 10 Stunden, bis sie verdaut ist. Gemüse und Salate brauchen nur 4 Stunden zur Verdauung.
- Eine gesundheitsbewusste Ernährung muss nicht unbedingt „nur" vegetarisch sein oder ausschließlich aus Zutaten bestehen, die im Naturkostladen gekauft wurden, solange naturbelassene und möglichst frische Lebensmittel bevorzugt werden. Ich kaufe lieber frisches Gemüse vom Discounter als schon schrumpeliges, verwelktes unvitales Gemüse aus dem Bioladen. Vitalität kommt von Lebendigkeit, von Leben.

DIE EINFACHHEIT DES ERNÄHRUNGS-KONZEPTS

Essen wir natürliche Nahrungsmittel, hält sich der Körper gesund. Essen wir hingegen denaturierte Nahrungsmittel, denaturiert der Körper. Wenn Sie sich vital, voller Lebensenergie und gesund fühlen wollen, müssen sie lebendige Nahrungsmittel zu sich nehmen.

Lebendige Nahrung besteht aus Nahrungsmitteln, die nicht erhitzt, sondern in ihrer natürlichen und unveränderten Form belassen wurden. Alle Nährstoffe, die der Körper für seine gesunde Balance braucht, findet er in Obst, Gemüse, Fisch, Nüssen und Salaten. Diese enthalten Vitamine, Mineralstoffe, Protein (Eiweiß), Aminosäuren, Enzyme, Kohlenhydrate und Fettsäuren.

Gesundheit zu erhalten, ohne vitalstoffreiche Nahrungsmittel zu verzehren, ist so gut wie unmöglich. Veränderte denaturierte Nahrung hingegen macht satt, träge und trägt nicht zur Gesunderhaltung bei, sie kann langfristig auch die Entwicklung von Krankheiten begünstigen. Industriell verarbeitete Nahrung erhält uns am Leben, jedoch zu dem schmerzhaft hohen Preis des stillen, schleichenden Verfalls unserer Gesundheit.

Also packen wir's an! Denn Gesundheit ist das Natürlichste und das Wichtigste auf der ganzen Welt.

KRÄUTER- UND GEWÜRZKUNDE

Kräuter und Gewürze sind ein Geschenk von Mutter Natur. Ohne Kräuter und Gewürze geht fast gar nichts. Sie haben nicht nur in der Küche als Aroma- und Geschmacksträger ihren Platz, sondern auch in der Heilkunde. Durch die wertvollen Vitamine, Mineralstoffe, Spurenelemente und ätherischen Öle helfen sie, Erkältungen, Verdauungsproblemen und Zivilisationskrankheiten, wie z. B. Diabetes mellitus, vorzubeugen.

Ein sehr wichtiger Aspekt in der Kräuter- und Gewürzkunde ist, Salz auf ein sinnvolles Maß des Würzens zu reduzieren. Sehr viele Kräuter und

Gewürze enthalten reichhaltige Mineralsalze, die oft das zugesetzte Salz als Geschmacksträger ersetzen.

Richtig zu würzen ist keine Hexerei, man braucht ein wenig Fingerspitzengefühl, um dem Gericht die persönliche Note zu geben – den eigenen Geschmack. Letztendlich ist der feine Geschmack das, was uns dazu verleitet, weitere neue Kreationen zu zaubern. Und das gelingt mühelos, wenn man sich klar macht, dass jedes Kraut durch die speziellen ätherischen Öle seine individuelle Note hat.

WILDKRÄUTER ALS LEBENDIGE NAHRUNG

Löwenzahn

Wir finden den Löwenzahn auf fast jeder Wiese, an Wegrändern, selbst auf kahlem Boden zwischen den Pflastersteinen behauptet er sich. Seine vom Wind verwehten Samen fassen überall auf Feldern und Wiesen Fuß, wachsen und versorgen uns fast das ganze Jahr über mit Blatt und Blüte.

Löwenzahn, oft als lästiges Unkraut bezeichnet, lässt nicht vermuten, dass wir in ihm eine beachtenswerte Heilpflanze vor uns haben. Er ist von unschätzbarem Wert für unseren Körper, auch durch sein Carotin (Krebsschutz), das in allen dunkelgrünen Gemüsesorten enthalten ist. Löwenzahn ist hilfreich bei Wassersucht, Verstopfung, Husten, ebenso bei Fieber bis hin zu Allergien. Er wirkt blutbildend, blutreinigend und entzündungshemmend. Außerdem enthält er viel Kalzium, Magnesium, Eisen, Phosphor und Vitamin C.

Löwenzahn wird zur Behandlung von Ekzemen und bei anderen Hauterkrankungen eingesetzt. Die leicht abführende Wirkung ist für die Reinigung des Körpers speziell bei Psoriatikern erwünscht.

✻ Löwenzahn ist wegen seines bitteren Geschmacks etwas gewöhnungsbedürftig. Geben Sie nicht gleich auf, Sie gewöhnen sich an den Geschmack!

Ich pflücke Löwenzahnblätter nur in Wiesen, die nicht mit chemischen Mitteln gedüngt wurden. Die Blüte der Pflanze ist grundsätzlich essbar, mir persönlich schmeckt sie nicht. Ich bevorzuge sie als Augenweide zur Dekoration auf dem Tellerrand.

Brunnenkresse

Als Kreuzblütler gehört die Brunnenkresse wie auch der Senf oder Meerrettich zu den senfölhaltigen Pflanzen. Ihre scharf-aromatischen Blätter sind sehr gut geeignet für die Zubereitung wohlschmeckender Salate, Suppen und Soßen.

Die hochwirksamen Senföle der Brunnenkresse stärken das Immunsystem, bringen den Darm auf Vordermann und schützen uns durch ihre keimtötende Wirkung vor Infektionen. Neben Bitter- und Gerbstoffen enthält sie die wertvollen Vitamine A, C und D sowie Schwefel, Eisen und Jod. Ihren scharf bitteren Geschmack bekommt die Pflanze durch die seltenen Mineralstoffe.

Die frischen grünen Blättchen gut waschen. Gehackt und als Beilage zum Salat oder gepresst als Saft stärken sie den Magen und regen Nieren, Leber und Galle an. Sie fördern den Stoffwechsel, lösen Verschleimungen und wirken heilend bei Hautkrankheiten.

✻ Wenn die Brunnenkresse im Mai in Blüte steht, sollten Sie die Pflanze sich selbst überlassen, weil sie die Nieren reizen kann. In der Blütezeit sind die ätherischen Öle in weitaus höherer Konzentration vorhanden als sonst. Wenn Sie zu dieser Zeit trotzdem Kresse essen möchten, verwenden Sie bitte nur die Hälfte der empfohlenen oder gewohnten Menge, um eine Reizung der Nieren zu vermeiden.

Brennnessel

Wer ihr einmal begegnet ist, vergisst sie nie. Das schmerzhafte, unangenehme Brennen auf der Haut wird durch die feinen spröden Härchen auf der Unterseite des Blattes verursacht. Die Flüssigkeit in den Härchen dringt bei Berührung in die Haut ein und juckt. Landwirte und Gärtner rückten diesem angeblichen Unkraut erbarmungslos mit Giften zu Leibe. Erfolglos – es wächst immer wieder. Gott sei Dank hat sich unser wertvolles Heilkraut dem Ausrotten widersetzt. Denn frische Brennnessel sind besonders chlorophyllhaltig und voller Vitamine, Mineralstoffe und Enzyme.

Ihre Bitter- und Gerbstoffe sind so zahlreich wie bei wenigen anderen Pflanzen. Längst ist die Brennnessel als Heilpflanze für Rheumatiker, Arthritiker und Gichtkranke anerkannt. Sie ist reich an Kieselsäure, stärkt Bindegewebe, Fingernägel und Haare.

Junge Brennnesselblätter sind reich an Eisen, Kalium und Vitamin C. Sie sind hervorragend geeignet zur Verwendung in der Küche. Als Karotten-Brennnesselsaft, als Salat oder leicht gedünstet als Brennnessel-Spinat-Gemüse zeigt sie ihre heilende Wirkung.
Brennnessel, auch als Tee zubereitet, ist ein idealer Blutreiniger, wirkt stark harntreibend, abführend, blutbildend, blutstillend und blutzuckersenkend.

Minze – Pfefferminze

Sicher ist die Pfefferminze eine der bekanntesten und beliebtesten Heil- und Gewürzpflanzen in Europa. Zu Recht, denn sie leistet bei Magen- und Darmbeschwerden hervorragende Dienste. Sie beruhigt den nervösen Magen, wirkt krampflösend, verdauungsfördernd und gärungswidrig. Deshalb wird sie bei „verdorbenem Magen“ mit Erfolg eingesetzt. Das ätherische Öl, das würzig-scharfe Menthol wird auch zum Einreiben bei

Migräne, Rheuma, Gicht und Nervenschmerzen sowie zum Inhalieren bei Erkältungskrankheiten angewendet.

Auch in meiner Küche hat die Minze ihren Platz erobert. Durch ihren feinen, intensiven Geschmack verleiht sie Süßspeisen, Eiscremes, Gelees, Dips oder auch Salatdressings eine erfrischende Geschmacksvariante. Die Pfefferminze sollte mit anderen Gewürzen zaghaft kombiniert werden, da der eigene Geschmack sehr dominierend ist und andere Gewürze überdeckt. Besser noch man verwendet sie einzeln.

Wenn ich die Minze zum Kochen verwende, gebe ich sie erst kurz vor Garende in die Soße, damit ihre wertvollen ätherischen Öle erhalten bleiben. Die Minze verliert an Geschmack, je länger sie gekocht wird.

Aus frischen oder getrockneten Blättern zubereiteter Pfefferminz-Tee beruhigt die Nerven und fördert den Schlaf. Eine Tasse Pfefferminz-Tee, abends vor dem Zubettgehen getrunken, wirkt oft wahre Wunder.

Sauerklee

Sauerklee mit seinen kleinen, hellgrünen, kleeartigen Blättchen wächst an schattigen meist etwas feuchten Stellen überall in unseren Laubmischwäldern und Nadelwäldern. Seine zarten weißen oder auch blassrosa gefärbten Blüten bedecken im Frühjahr teppichartig den Waldboden.

Sauerklee ist reich an Oxalsäure, wie auch Sauerampfer, Rhabarber und Spinat. Deshalb im frischen Zustand bitte nur in kleinen Mengen verzehren (einmal pro Woche im Frühjahr ist ausreichend).

Zum Trocknen eignet sich die kleine Pflanze nicht, da die Heilkraft durchs Trocknen verloren geht. Sauerklee wird nur in frischem Zustand verwendet. Er wirkt fiebersenkend, harntreibend und blutreinigend, was sich positiv bei allen Hautkrankheiten auswirkt. Er soll auch Sodbrennen lindern.

Durch seinen fruchtig säuerlichen Geschmack ist der Sauerklee sehr erfrischend.

Nach dem Sammeln wasche ich die kleinen Blättchen unter fließendem Wasser, tupfe sie vorsichtig trocken und gebe sie als erfrischende Beilage zum Salat.

Bärlauch

Bärlauch ist ein naher Verwandter des Knoblauchs. Er wächst in schattigen, feuchten Laubwäldern, feuchten Wiesen und an Bachufern, wo er sich meist von Weitem schon durch einen stark knoblauchartigen Duft verrät.

Wenn im Frühjahr der letzte Schnee geschmolzen ist, sprießen die zartgrünen Blätterspitzen des Bärlauchs als Erstes durch die Erde hervor. Vorsicht, die jungen Blätter haben es in sich. Sie strotzen vor Lebens- und Heilkraft und sind deshalb auf ein Viertel der üblichen Verzehrmenge zu reduzieren. Eine kleine Handvoll reicht.

Der Bärlauch kann sich mit seinen Inhaltsstoffen sehen lassen. Er enthält die wertvollen Vitamine B und C sowie Magnesium und viel Eisen. Zum Beispiel sind B-Vitamine wichtig für unseren Stoffwechsel und die Nervenfunktion. Bärlauch wirkt darmregulierend, blutbildend, blutreinigend, blutdrucksenkend und herzstärkend.

Das Trocknen der Blätter ist nicht empfehlenswert, da zu viel Aroma verloren geht.

Bärlauch ist nicht nur als Beilage zum Salat, als köstliches Süppchen, als Gemüse oder als Pesto ein Genuss, sondern auch wegen seiner blutreinigenden Wirkung bei Hauterkrankungen sehr erwünscht.

TIPP

- Am besten sammelt man Bärlauch, bevor er blüht, denn dann hat er das beste und stärkste Aroma.
- Beim Pflücken ist große Aufmerksamkeit erforderlich, denn die lanzettförmigen Blätter des Bärlauchs sind leicht mit den giftigen Blättern von Maiglöckchen und der Herbstzeitlosen zu verwechseln. Ein unverwechselbares Erkennungsmerkmal der wilden Knolle ist u. a. die Blattrippe. Herbstzeitlose und Maiglöckchen weisen keine Blattrippen auf, sie sind glatt in der Struktur. Und wenn Sie das Blatt brechen, duftet dieses nicht nach Knoblauch – ein unverkennbares Merkmal!
- Selbst gepflückter Bärlauch sollte vor der Verwendung sehr sorgfältig gewaschen werden, da Wildkräuter Träger des Fuchsbandwurms sein können. Außerdem hilft das sorgfältige Waschen jedes einzelnen Blattes zur doppelten Kontrolle seiner Echtheit, um eine Verwechslungsgefahr, spätestens jetzt, auszuschließen.
- Wenn der Bärlauch blüht, ist keine Verwechslungsgefahr mehr möglich. Denn alle drei Pflanzen blühen in Form und Farbe sehr unterschiedlich. Die Blüten des Bärlauchs mit ihren weißen, doldenartigen eher nach Vanille riechenden Köpfen ragen hoch hinaus, während die Blüten der Maiglöckchen glockenförmig sind. Die Herbstzeitlose steht mit lilafarbenen und violetten Blüten in ihrer Pracht. Maiglöckchen und Herbstzeitlose riechen nicht nach Knoblauch.

KRÄUTER – DIE KRAFT DER GRÜNEN WUNDER

Basilikum

Ohne Basilikum, „das Königskraut“ genannt, geht in meiner Küche fast gar nichts. Ich bin nach seinem einzigartigen pfeffrig-würzigen Geschmack förmlich süchtig. Ob beim berühmten Mozzarella-Gericht mit Tomaten und Basilikum, beim beliebten Pesto, bei Basilikum-Spätzle, Suppen oder Eintöpfen – dieses Kraut findet vielfach Verwendung und stärkt das allgemeine Wohlbefinden.

Das einzigartige Aroma dieses Krautes ist auf den hohen Gehalt ätherischer Öle zurückzuführen. Basilikum wird als magenstärkend und blähungswidrig gerühmt. Es hilft bei Bauchkrämpfen, Verstopfung, Darmstörungen, wird aber auch zur Beruhigung gegen Nervosität, Depressionen, Migräne und Schlaflosigkeit eingesetzt.

Dill

Die Natur hat uns mit diesem uralten Würz- und Heilkraut ein Füllhorn an Mineralien und ätherischen Ölen geschenkt. Dill ist reich an Kalium, Phosphor, Kalzium und Schwefel.

* Dill sollte nie mitgekocht, sondern immer im letzten Moment roh auf alle Speisen gestreut oder in die Speisen gemischt werden.

Sein feines Aroma passt besonders gut zu Frischkostsalaten sowie Tomaten-, Gurken-, oder Kartoffelsalat. Aber auch zu Fisch, in Suppen, Eiergerichten, Eintöpfen, Kräuterbutter und Remouladen wie auch bei Kräuteressigen und -ölen ist Dill begehrt und unverzichtbar. Dill hat ein sehr starkes Eigenaroma und sollte deshalb mit anderen Gewürzen nicht kombiniert werden.

Als Heilkraut wird Dill bei Magenbeschwerden, Appetitlosigkeit und Schlafstörungen eingesetzt. Ebenso ist er frisch oder getrocknet als Tee getrunken sehr zu empfehlen.

Petersilie

Was wäre unsere Kräuterwelt ohne diese Energie- und Vitalquelle. Petersilie ist unser „Allrounder", er darf in keiner Küche fehlen. Egal ob als gekräuseltes oder glattes Blatt, die Petersilie wird als Heilmittel gegen Blutarmut, Blasen- und Nierenleiden und zur Leberreinigung eingesetzt. Da die ätherischen Öle der Petersilie keimtötend wirken, helfen sie auch bei Haut- und Schleimhautinfektionen, unterstützen alle Ausscheidungsorgane, die Haut eingeschlossen und langsam heilende Wunden.

Die Petersilie ist ein Schatzkästlein an B-Vitaminen und Mineralien. Sie enthält enorm viel Vitamin C und steht mit ihrem hohen Kaliumgehalt unter allen Gemüsen einsam an der Spitze. Nicht zu vergessen sind ihre wertvollen Bioflavone, die als gefäßabdichtend, entzündungshemmend und antiallergisch gelten. Doch sie alle gehen beim Kochen verloren, darum erst kurz vor dem Servieren unter die Speisen heben.

Petersilie ist für mich eine Heilpflanze, die täglich verwendet werden kann, sei es als Gewürz für den Salat oder die Suppe, zur Gemüsepfanne, in den Dip oder zur Rohkostplatte, sie ist immer dabei.

TIPP

- Mit nur wenigen Ausnahmen sollten Kräuter nie mitgekocht werden. Sie verlieren nicht nur ihr wertvolles Vitamin C, sondern auch die gesunden ätherischen Öle. Durch das Erhitzen werden auch jene Enzyme, die die antibakteriellen Senföle binden, zerstört.
- Frische Kräuter sollten nicht aufgehoben, sondern so schnell und frisch wie möglich verwendet werden. Und wenn es halt doch mal nicht anders geht, bitte in einem Frischhaltebeutel im Kühlschrank aufbewahren.

GEWÜRZE – GESCHMACKSBOOSTER

Gewürze sind nicht nur da, um zu würzen. Sie sind zudem Fit- und Muntermacher, Appetitanreger und Gaumenschmeichler. Gewürze schützen uns vor Krankheitserregern, unterstützen die Verdauung und beeinflussen sogar die Psyche positiv. Denn wie alle (Heil-) Kräuter hat jedes Gewürz auch seine ganz spezifische Heilwirkung auf die unterschiedlichsten Organe des Körpers.

Gewürze enthalten wichtige Spurenelemente, regen durch die ätherischen Öle die Verdauungssäfte an, machen Appetit und geben einem träge gewordenen Stoffwechsel wieder Aufschwung.

Vorab noch ein Wort zu Chili: Chili ist mit Vorsicht zu genießen, es kann die Schuppenflechte anfeuern. Deshalb habe ich dieses feurige Gewürz von meinem Speiseplan gestrichen.

Curry

Curry ist kein eigenes Gewürz, sondern eine Mischung aus scharf-aromatischen Gewürzen. Es gibt viele verschiedene Sorten, es lohnt sich jedoch, nach dem „echten“ indischen Curry zu fahnden, dessen wichtigster Bestandteil, Kurkuma eine hervorragende Lebermedizin ist.

Curry fördert den Gallenfluss, hilft bei der Verdauung und wirkt desinfizierend.

Curry (Kurkuma) ist eines meiner Lieblingsgewürze. Ich streue es nicht über das fertige Gericht, sondern brate es in der Pfanne leicht an, bevor ich die restlichen Zutaten dazugebe. Dadurch kann sich der spezifische Curry-Geschmack voll entfalten.

Ingwer

Gegen viele Beschwerden ist ein Kraut gewachsen, hier sogar eine Wurzel. Die unscheinbare Knolle ist reich an ätherischen Ölen sowie an Bitterstoffen, sie wirkt verdauungsfördernd und ist eine Wohltat für den Magen.

Ingwer hat entzündungshemmende und schmerzstillende Eigenschaften. Diese kommen auch den überempfindlichen, entzündeten Hautarealen des Psoriatikers zugute. Als Pulver oder als Tee getrunken, ist die Ingwerwurzel ein beliebtes und bewährtes Mittel gegen Reiseübelkeit, sie beseitigt schnell alle Symptome einer Erkältung und schafft im Körper eine wohlige Wärme.

TIPP

- Ich empfehle täglich ein kleines Stück dieser aromatischen Wurzel dünn geschält, fein geraspelt oder in dünne Blättchen geschnitten als Beigabe zum frisch gepressten Gemüsesaft, als Beilage zu Salat oder gemischt mit anderen Gemüsesorten kurz gedünstet.
- Die frische ungeschälte Ingwerwurzel hält einige Monate im Gemüsefach des Kühlschranks.

Kreuzkümmel

Da der Kreuzkümmel ein sehr intensives Aroma hat, ist er für einige gewöhnungsbedürftig. Seine Heilkräfte wirken vor allem bei Verdauungsproblemen. Kreuzkümmel wirkt antibakteriell, tonisierend und krampflösend.

Kreuzkümmel schmeckt im Vergleich zum normalen Kümmel etwas bitterer und schärfer, zugleich ist er wohlschmeckender und gibt deshalb vielen meiner Dips, Gemüse- und Kartoffelgerichten eine ganz besondere Note. Kreuzkümmelquark, dazu eine halbierte mit Rosmarin bestreute gebackene Kartoffel, das ist eine wahre Gaumenfreude.

Es gibt jedoch bestimmte Gemüsesorten, deren Geschmack sich mit Kreuzkümmel gut ergänzt, z.B. alle Kohlsorten wie Weißkohl, Chinakohl, aber auch Karotten, Sellerie, Zucchini und Tomaten. Kartoffelgerichte liebt der Kreuzkümmel besonders. Lassen Sie sich auf dieses „handfeste“ Gewürz ein, es lohnt sich.

Knoblauch

Die Knoblauchzwiebel mit ihrem einzigartigen Aroma ist in unserer Küche nicht mehr wegzudenken. Auch für unsere Gesundheit ist sie ein vielseitiger, nimmermüder Freund.

Der frische Knoblauch schützt das Herz, gibt klare Gedanken und bringt die Säfte im Körper zum Fließen. Er wirkt abwehrstärkend, krampflösend und blutverdünnend. Durch seine keimtötende, also desinfizierende Wirkung, vernichtet er Kleinwesen (Bakterien) im Darm.

Manche Menschen meiden diese wertvolle Knolle wegen des unangenehm nachhaltigen Geruchs. Ich kenne leider kein hundertprozentiges Mittel gegen Knoblauchgeruch, jedoch hilft das Kauen von Petersilie oder Kaffeebohnen.

Verzichten Sie nicht auf diese kleine Knolle, sie ist ein guter Freund unserer Gesundheit!

Pfeffer

Pfeffer ist neben dem Salz wohl das älteste und gebräuchlichste Gewürz in unserer Küche. Er gilt als König der Gewürze.

Durch die Schärfe des Geschmacks werden Speichel- und Magensaftsekretion angeregt, deshalb wirkt Pfeffer appetitanregend und verdauungsfördernd. Da gemahlener Pfeffer schnell sein Aroma verliert, ist eine Pfeffermühle, wenn Sie auf köstliches Essen bedacht sind, unentbehrlich. Pfeffer dient in erster Linie wie auch Salz zum Abrunden der Speisen.

Salz

Es gibt kaum ein Thema, über das heute wie auch in der Vergangenheit (Antike) mehr diskutiert wird, als über den Gebrauch von Salz. Ohne Salz gibt es kein Leben. Nur welches Salz ist gesund für unseren Körper?

Unser Tafelsalz hat nichts mehr mit der Qualität des echten natürlichen Steinsalzes zu tun. Durch die industriellen Raffinierungsprozesse entsteht aus Steinsalz das Abfallprodukt Natriumchlorid. Dieses Abfallprodukt wird nicht nur als Tafelsalz, sondern auch in sämtlichen Fertigprodukten als Würz- und Konservierungsmittel verwendet. Daher ist natürliches Steinsalz (Ur-Salz) jedem anderen Salz vorzuziehen.

In der Regel ist unser Salzkonsum zu hoch, zumal viele Fertigprodukte, inklusive Brot und auch Süßigkeiten, Salz enthalten. Salz ist zwar eines unserer wichtigsten Gewürze, es sollte trotzdem in Maßen verwendet werden.

Ich gebe Salz sehr sparsam und immer zuletzt in die Speisen, da viele andere Kräuter Mineralsalze in sich haben, die sich durch das Garen erst entwickeln. Salzarm kochen ist gesund und kann außerdem erstklassig schmecken.

Natürliches Steinsalz findet nicht nur in der Küche Verwendung, sondern auch in der Heilkunde. Naturbelassene Ursteinsalze haben basischen Charakter, sie liefern unserem Körper Mineralstoffe und Spurenelemente. So helfen z.B. Solebäder bei Hauterkrankungen (Schuppenflechte), fördern die Schweißabgabe und unterstützen somit die Entgiftung des Körpers. Die Hautdurchblutung wird verbessert und die Abwehrkräfte werden unterstützt. Sehr beliebt sind Kuren in Salzstollen, sie sind heilsam für die Atemwege und auch die Haut.

Salz – ein kleines Kristall mit großer Wirkung!

TIPP

- Kaufen Sie diese – wie alle gemahlenen Gewürze – nur in kleinen Mengen und nicht auf Vorrat. Gewürze verlieren oft schon nach sechs Monaten ihr wertvolles Aroma.
- Gut in Dosen oder Gläsern verschlossen aufbewahrt, fern von Hitze und Licht, schützen Sie die Gewürze vor dem Austrocknen.

NÜSSE, KERNE UND SAMEN

Nüsse, Kerne und Samen sind kleine Kraftpakete. Durch ihren hohen Nährwert sind sie hervorragende Energiespender für Körper und Geist. Nüsse, Kerne und Samen enthalten viel Protein, die herzfreundlichen ungesättigten Fettsäuren, Kalium, Phosphor und Schwefel, die den Stoffwechsel ankurbeln, sowie B-Vitamine, die unsere Nerven dringend brauchen.

Wenn ich unterwegs bin, egal ob in den Bergen, auf dem Fahrrad oder beim Einkaufen, ich habe immer eine kleine Handvoll Nüsse als Energiekick in der Hosentasche. Meine absolute Lieblingsnuss ist die Mandel. Ihr folgen Pekan- und Walnuss. Aber auch Kürbiskerne, Sesamsamen (schwarz oder beige) sowie Sonnenblumenkerne haben ihren festen Platz in meiner Küche.

Mandeln

„Die Mandel hat es in sich". Sie ist reich an Vitamin A, enthält eine ausgewogene Mischung an B-Vitaminen und etwas Vitamin C. Außerdem ist sie reich an Kalium, Calzium, Magnesium, Selen, Eisen, Phosphor und Protein. Es wird vermutet, dass die Mandel den Cholesterinspiegel senkt und das Herz stärkt.

Pekannüsse

Die Pekannuss ist eine kleine „Mini-Bombe“. Ihr hoher Fettanteil (70 %) sowie die reichlich enthaltenen Mineralstoffe – Kalium, Magnesium, Phosphor – und die wertvollen Vitamine A, B und C versorgen uns optimal, wenn wir die Nüsse über den Tag verteilt essen.

Walnüsse

Die Walnuss wird wegen ihres hohen Fettgehalts als „Gehirn-Nahrung“ bezeichnet. Sie hat jedoch viel mehr als nur Fett in der Schale zu bieten. Sie ist reich an Zink, Kalium, Magnesium, Phosphor, Eisen, Kalzium und enthält die Vitamine A, B, C, E. Die Walnuss ist ein „Allrounder“. Sie stärkt die Nerven und Konzentration, wirkt mild abführend sowie harntreibend und soll den Lymphfluss in Schwung halten. Am besten einige Nüsse auf leeren Magen vor den Mahlzeiten genießen.

Samen sind wie Nüsse eine hoch konzentrierte Eiweißquelle.

Kürbiskerne

Durch ihren hohen Gehalt an Zink und Omega-3-Fettsäuren stärken Kürbiskerne das Immunsystem. Der regelmäßige Verzehr der Kürbiskerne hilft bei Blasenschwäche, Übelkeit und Prostatahyperplasie. Eine kleine Handvoll der grünen Kerne ist Bestandteil von vielen meiner Salate oder Gemüsepfannen-Gerichten.

Sesamsamen (schwarz oder beige)

Durch ihren hohen Kalziumgehalt stärken Sesamsamen Leber und Nieren. Die kleinen Samen bieten jedoch viel mehr. Sie enthalten Eisen, Phosphor, Eiweiß, Niacin und eine hervorragende Quelle für Magnesium, Kieselerde und Selen. Sie lindern Rheumabeschwerden, Verstopfungen, Rückenschmerzen und Schwindel.

Sesamsamen schmecken leicht bitter-nussig.

✻ Den Samen gut kauen, sonst wird er „unverbraucht" wieder ausgeschieden. Das wäre ein Vitaminverlust!

Sonnenblumenkerne

In den kleinen gesunden Kernen ist eine geballte Ladung an Vitaminen enthalten, die Vitamine A, B, D, E, F und Vitamin K. Sonnenblumenkerne haben einen hohen Eiweiß-Gehalt sowie weitere gesunde Nährstoffe wie Folsäure, Kalzium, Magnesium, Jod, Selen und Carotin. Sie sollten in keiner Küche als Zutat zum Salat, in Müslis, in Gemüseaufläufen oder in Süßspeisen fehlen. Auch zum Knabbern zwischendurch füllen sie verbrauchte Energie schnell wieder auf.

ÖLE

Öle sind in ihrer Vielfältigkeit an Geschmack- und Inhaltsstoffen sehr unterschiedlich. Meine absoluten Favoriten unter den kalt gepressten Ölen sind: Oliven-, Schwarzkümmel-, Lein-, Borretsch- und Kokosöl. Dagegen sind die Inhaltsstoffe von Sonnenblumenöl und Rapsöl weniger wertvoll.

TIPP

- **Alle Öle außer Oliven- und Kokosöl sollten innerhalb von 8-10 Wochen verbraucht werden, deshalb nicht auf Vorrat kaufen. Öle werden schnell ranzig. Oliven- und Kokosöl dagegen sind gut haltbar.**
- **Pflanzenöle sollen lichtgeschützt, gut verschlossen und kühl aufbewahrt werden.**

Schwarzkümmelöl

Schwarzkümmelöl ist ein wiederentdecktes Heilmittel. In den Mittelmeerländern gilt Schwarzkümmel seit Tausenden von Jahren als Heilpflanze – das aus den Samen gewonnene Öl als Wundermittel. Schwarzkümmel enthält neben anderen wertvollen Inhaltsstoffen über 50 % ungesättigte Fettsäuren. Außerdem wirken Melanthin und der Bitterstoff Nigellin verdauungsfördernd und ausleitend und werden deshalb auch als Kur zur sanften Darmreinigung genutzt. Sie haben zudem blähungs- und entzündungshemmende, schleimlösende, entkrampfende sowie nierenanregende und harntreibende Eigenschaften. Auch äußerlich für die Wundheilung der entzündlichen Haut der Schuppenflechte beweist Schwarzkümmelöl seine Heilkräfte.

* Als Öl für Salate sollte Schwarzkümmelöl vorsichtig dosiert werden (z.B. 1 EL Schwarzkümmelöl) und mit anderem Öl gemischt werden. Sein starkes Aroma ist für manche gewöhnungsbedürftig. Deshalb gilt hier die Devise: Weniger ist besser!

Leinöl

Leinöl ist das Öl mit dem höchsten Gehalt an Omega-3-Fettsäuren. Ebenso zeichnet es sich durch einen besonders hohen Gehalt an mehrfach ungesättigten Fettsäuren aus. Mehrfach ungesättigte Fettsäuren wie Linolsäure sind für den Körper essenziell, das heißt, der Körper kann sie nicht selbst aufbauen, sondern muss diese über die Nahrung erhalten. Die essenziellen Fettsäuren dienen u.a. dem Aufbau der Zellmembran.

Kalt gepresstes Leinöl schmeckt hervorragend zu Salat, Rohkost und leckeren Dips.

Kokosöl

Die Kokosnuss mit ihrem milden fein-nussigen aromatischen Geschmack enthält 45 % Wasser, 35 % Öl, wertvolles pflanzliches Eiweiß, Kohlenhydrate und Ballaststoffe. Es wird während des Herstellungsprozesses nicht gebleicht, gehärtet oder raffiniert, es bleibt naturbelassen und behält dadurch seine natürlichen Inhaltsstoffe.

Reines Kokosöl ist besonders gut haltbar und hitzebeständig. Es ist reich an gesättigten Fettsäuren, leicht verdaulich, enthält kein Cholesterin und schmeckt hervorragend. Kokosöl ist eine gesunde Alternative zu Margarine. Reines naturbelassenes Kokosöl hat vermutlich antibakterielle und pilzhemmende Eigenschaften und unterstützt den Körper im Kampf gegen Bakterien, Viren und Pilze.

Kokosöl verwende ich auch zur Haut- und Haarpflege. Es hinterlässt eine zart-geschmeidige Haut und wunderschönes glänzendes Haar.

Olivenöl

Nicht nur in der mediterranen Ernährung, sondern weltweit hat sich das Öl mit großer Beliebtheit durchgesetzt. Gesundes Olivenöl, das auf schonendste Art kaltgepresst wird, ist gut für das Herz, senkt den Blutdruck, verdünnt das Blut, regt den Gallenfluss an, fördert die Verdauung und wirkt leicht abführend.

Olivenöl besteht zu 76 % aus der einfach ungesättigten Ölsäure. Es gilt mittlerweile als gesichert, dass gerade die einfach ungesättigte Ölsäure als Hauptbestandteil des Olivenöls eine ganz besondere Schutzwirkung auf das Blut hat.

Olivenöl darf in keiner Küche fehlen. Ich benutze es täglich.

Borretschöl

Das wertvolle Öl wird aus den stecknadelkopfgroßen Samenkörnern der Borretschpflanze mittels eines schonenden Pressverfahrens gewonnen. Reich an Gamma-Linolensäure und mehrfach ungesättigten Omega-6-Fettsäuren ist Borretschöl in der naturheilkundlichen Medizin von großer Bedeutung. Das Öl wirkt entzündungshemmend und unterstützt die Immunabwehr. Diese Eigenschaften kommen der Bekämpfung der Schuppenflechte zugute, denn sie fördern die Heilung und lindern den Juckreiz.

Das leicht bittere goldgelbe Öl gibt jedem Salat eine besondere Note. Probieren Sie das Öl aus, es wird ihnen schmecken!

APFELESSIG UND ZITRONE

Apfelessig

Apfelessig wird aus Äpfeln gewonnen und enthält daher die Vitamine und Mineralstoffe des Apfels: Magnesium, Carotin, Vitamin B und reichlich Vitamin C. Ebenso Kalium, Phosphor, Eisen und Natrium. Apfelessig hemmt die Ausbreitung von Fäulnisbakterien im Darm, regt die Bildung von Verdauungssäften an und fördert dadurch eine optimale Verdauung. Er macht das Blut fließfähiger, fördert die Wundheilung, wirkt entschlackend, erfrischt und vitalisiert.

Ich ziehe Apfelessig dem herkömmlichen Essig vor, er schmeckt mir besser und ist gesund.

Zitrone

Obwohl die Zitrone sauer schmeckt, ist sie – eine „Ausnahme" unter den Zitrusfrüchten – basisch. Sie ist in der Küche sowie im Haushalt nicht mehr wegzudenken. Die Zitrone ist reich an Vitamin C und Antioxidanzien, sie stärkt das Immunsystem, spornt alle Verdauungsdrüsen an und hilft bei lästigen Blähungen und Bauchkrämpfen. Der Saft der reifen Zitrone stärkt das Herz, senkt den Bluthochdruck, stimuliert die Leber und bringt bei Erkältungs- und Durchfallerkrankungen schnelle Linderung.

Das köstliche Aroma dieser Frucht findet in vielen meiner Marinaden, Salate, Aufläufe, Süßspeisen nicht nur durch ihren einzigartigen feinen Geschmack, sondern auch als Heilmittel ihren Platz.

SALAT-VORBEREITUNG

- Salate sind delikate Wesen. Behandeln Sie alle Salate mit weicher Hand.
- Die äußeren Blätter des Kopfsalates gegebenenfalls abblättern.
- Den Salat in einzelne Blätter teilen und schlechte Stellen entfernen.
- Die unzerteilten Blätter unter fließendem Wasser vorsichtig, aber gründlich waschen.
- Salatblätter nicht im Wasser liegen lassen, sie laugen aus und verlieren dadurch ihre wertvollen Vitamine.
- Die frisch gewaschenen Blätter in eine Salatschleuder geben oder in einem sauberen Küchentuch vorsichtig trocken tupfen. Durch das Trocknen der Blätter nehmen sie Öl besser auf.
- Zerpflücken Sie die Blätter in mundgerechte Stücke. Eisbergsalat oder andere festere Salatsorten können auch geschnitten werden.
- Frische Kräuter fein schneiden und über den Salat streuen.
- Achten Sie auf eine ausreichend große Schüssel, damit sich der Salat mit der Salatsoße locker mischen lässt.
- Die delikaten Wesen immer erst kurz vor dem Servieren mit der Soße vermengen, sonst sehen sie schnell verbraucht und müde aus.

REZEPTE

- Gemäß der Devise – eine vitalstoffreiche Ernährung soll nicht nur gesund sein, sondern sie darf auch lecker schmecken, habe ich die folgenden Rezepte entwickelt.
- Alle Rezepte wurden von mir zusammengestellt und ausprobiert. Sie enthalten frische Zutaten, die überall problemlos zu bekommen sind.
- Die Rezepte sind durch die unkomplizierten Schritt-für-Schritt- Anleitungen und farbigen Fotos leicht umsetzbar.
- Alle in meinen Rezepten angegebene Gartemperaturen und Zeiten sind Richtwerte, die individuell je nach Backofen über- oder unterschritten werden können.

EL	=	Esslöffel
TL	=	Teelöffel
Msp.	=	Messerspitze
g	=	Gramm
kg	=	Kilogramm
ml	=	Milliliter
l	=	Liter
geh.	=	gehäuft
gem.	=	gemahlen
gestr.	=	gestrichen
cm	=	Zentimeter

Ich wünsche Ihnen Guten Appetit!

PIKANTE BROTAUFSTRICHE FÜR DEN KLEINEN HUNGER ZWISCHENDURCH

INGWER-CURRY-CREME-

Aufstrich

→ **Für** 2 Portionen • **Zubereitungszeit** 20 Minuten

125 g Schafskäse
1 Becher Naturjoghurt (150 g)
1 Banane
1 kleiner Apfel
1 EL geschroteter Leinsamen
1 TL Sesamsamen
1 TL Currypulver
1 EL Senf (scharf)
1 Knoblauchzehe
Ingwerwurzel, etwa 2 cm groß
1 TL Worcestersauce
frischer Pfeffer

1 Banane schälen und mit einer Gabel zu Mus zerdrücken.

2 Schafskäse und Joghurt gut miteinander verrühren. Das Bananenmus, Sesamsamen, Senf, Currypulver, die geschroteten Leinsamen und die Worcestersauce darunter mischen.

3 Die Ingwerwurzel schälen und mit einem scharfen Messer in sehr feine Würfelchen schneiden, unter die Joghurtcreme heben.

4 Knoblauchzehen häuten, durch eine Presse drücken und unter die Joghurtcreme rühren. Mit Pfeffer abschmecken.

5 Den Apfel waschen, mit der Schale auf einer Reibe fein raspeln und in die fertig abgeschmeckte Joghurtcreme unterrühren. Kalt stellen.

Was schmeckt dazu? Bauernbrot oder Schwarzbrot.

AVOCADO-
Aufstrich

➔ **Für** 2 Portionen • **Zubereitungszeit** 15 Minuten

1 reife Avocado
150 g Frischkäse (Hüttenkäse)
1 Bund frische Petersilie
1 TL Zitronensaft
½ TL Kurkuma
½ TL Honig
1 TL scharfer Senf
Salz
frischer Pfeffer

1 Avocado schälen, halbieren, den Stein entfernen und mit einer Gabel zu Mus zerdrücken.

2 Den Frischkäse dazugeben und beides zu einer cremigen Masse verrühren.

3 Petersilie waschen, trocken tupfen und fein hacken.

4 Die gehackte Petersilie mit den anderen Zutaten in das Mus geben, gut einrühren und pikant mit Salz und Pfeffer abschmecken.

Was schmeckt dazu? Deftiges Bauernbrot.

FEIGENCREME-
Aufstrich

➜ **Für** 2 Portionen • **Zubereitungszeit** 10 Minuten

100 g frische Feigen
50 g Speisequark (mager)
1 EL Crème fraîche
1 EL Zitronensaft

1 Feigen halbieren. Das Fruchtfleisch mit einem Löffel herausheben und mit Zitronensaft beträufeln.

2 Quark mit Crème fraîche unter die Feigen mischen und mit einem Pürierstab zu einer cremigen Masse pürieren.

3 Feigencreme kalt servieren.

Was schmeckt dazu? Walnussbrot oder Bauernbrot.

OLIVEN-
Aufstrich

→ **Für** 2 Portionen • **Zubereitungszeit** 15 Minuten

100 g grüne, mit Paprikapaste gefüllte Oliven
100 g Frischkäse (fettarm)
100 g Magerjoghurt
2 Knoblauchzehen
1 Bund Basilikum
frischer Pfeffer

1 Frischkäse, Joghurt und Oliven mit dem Pürierstab mixen.

2 Knoblauch schälen und dazu pressen.

3 Basilikum waschen, trocknen, fein hacken und unter den Frischkäse mischen.

4 Mit Pfeffer herzhaft abschmecken.

Was schmeckt dazu? Bauernbrot.

BÄRLAUCH-
Aufstrich

→ **Für** 2 Portionen • **Zubereitungszeit** 20 Minuten

1 große Handvoll Bärlauchblätter (ca. 100 g)
125 g Speisequark (mager)
2 EL Sauerrahm
1 EL Limettensaft
1 TL Honig
1 EL scharfer Senf
½ TL Kurkuma
Salz
frisch gemahlener Pfeffer

1 Bärlauchblätter sorgfältig waschen, trocknen und fein hacken.

2 Den Quark und den Sauerrahm vermischen, mit Limettensaft, Honig, Senf, Kurkuma, Salz und Pfeffer abschmecken.

3 Die gehackten Bärlauchblätter unter den Quark rühren.

4 Kalt stellen.

Was schmeckt dazu? Schwarzbrot, Bauernbrot.

VARIATIONEN

Für diesen Brotaufstrich eignen sich auch andere Kräuter wie Basilikum, Rucola, Schnittlauch, Kresse.

PAPRIKA-
Aufstrich

➜ **Für** 2 Portionen • **Zubereitungszeit** 25 Minuten

150 g bunte Paprikaschoten
1 kleine Zwiebel
½ Bund Schnittlauch
100 g fettarmer Frischkäse
2 EL Magerquark
2 Knoblauchzehen
Salz
frisch gemahlener Pfeffer

1 Paprika waschen, entkernen und in sehr kleine Würfelchen schneiden.

2 Zwiebel häuten und fein hacken.

3 Schnittlauch waschen, abschütteln und in feine Röllchen schneiden.

4 Den Frischkäse mit dem Magerquark in einer Schüssel verrühren. Die Paprika-, Zwiebelwürfel und Schnittlauchröllchen hinzufügen.

5 Die Knoblauchzehen schälen und durch die Presse dazu drücken.

6 Den Paprikakäse mit Salz und Pfeffer pikant abschmecken.

Was schmeckt dazu? Bauernbrot.

BRENNNESSEL-
Aufstrich

→ **Für** 2 Portionen • **Zubereitungszeit** 25 Minuten

50 g Brennnesselblätter
250 g Quark (mager)
1 EL Senf (scharf)
2 EL Sahnemeerrettich
½ Bund Petersilie
2 Knoblauchzehen
Salz
frischer Pfeffer

1 Die gewaschenen Brennnesselblätter mit heißem Wasser überbrühen, damit sie ihre „Brennkraft“ verlieren, abseihen und fein hacken.

2 Den Quark mit Senf und Meerrettich gut verrühren.

3 Die gewaschene, kleingeschnittene Petersilie mit der gehackten Brennnessel unter die Quarkmasse rühren.

4 Knoblauch schälen, durch eine Knoblauchpresse drücken und zum Quark geben.

5 Mit Salz und Pfeffer abschmecken.

Was schmeckt dazu? Bauernbrot.

BUNTER-GEMÜSE-
Aufstrich

→ **Für** 2 Portionen • **Zubereitungszeit** 35 Minuten

1 Zwiebel
1 kleine Karotte
30 g Sellerie (Knolle)
30 g Lauch
½ Zucchini
3 EL Kokosöl
100 g Magerquark
½ TL Kreuzkümmel (Kumin)
½ Bund Petersilie
Salz
frischer Pfeffer

1 Die Zwiebel fein würfeln. Sellerie schälen und mit der gewaschenen Karotte grob raspeln.

2 Den Lauch gründlich waschen und mit der Zucchini in sehr feine Streifen schneiden.

3 Petersilie waschen, trocken tupfen und fein hacken.

4 Kokosöl in einer Pfanne erhitzen. Gemüse und Zwiebel dazugeben und weich dämpfen. Abkühlen lassen.

5 Mit Salz, Pfeffer, Kreuzkümmel und Petersilie würzen. Zum Schluss den Quark unterrühren und abschmecken.

Was schmeckt dazu? Walnussbrot, Bauernbrot, Schwarzbrot.

WÜRZIGE DIPS FÜR GEMÜSE-ROHKOST-PLATTEN

JOGHURT-APFEL-Creme

➔ **Für** 2 Portionen • **Zubereitungszeit** 15 Minuten

1 Becher Crème fraîche (200 g)
1 Becher Naturjoghurt mild (150 g)
1 TL Kurkuma
2 große Knoblauchzehen
1 Apfel (mit Schale)
2 EL Zitronensaft
1 TL Schwarzkümmelöl
1 EL Senf (scharf)
1 TL Honig
frisch gemahlener Pfeffer
1 Prise Salz
5 Minzeblätter zum Garnieren

1 Joghurt und Crème fraîche mit Kurkuma, Schwarzkümmelöl, Zitronensaft, Senf und Honig gut vermischen.

2 Knoblauch schälen und dazu pressen.

3 Den Apfel waschen, entkernen, auf einer Reibe grob raspeln und unter den Joghurt heben.

4 Mit frisch gemahlenem Pfeffer und etwas Salz abschmecken. Die Joghurtcreme mit Minzeblättern garnieren.

Was schmeckt dazu? Süße Kartoffel, Brokkoliröschen, Stangensellerie, Karottenstifte.

BRENNNESSEL-KÄSE-
Creme

→ **Für** 2 Portionen • **Zubereitungszeit** 20 Minuten

200 g Brennnessel
125 g Schafskäse
100 g Doppelrahmfrischkäse
2 Knoblauchzehen
2-3 EL Sahne
2 EL Leinöl
1 EL Senf (scharf)
1 EL Worcestersauce
frischer Pfeffer

1 Die Brennnesselblätter gut waschen, mit kochendem Wasser übergießen, damit sie ihre „Brennkraft" verlieren, abseihen und fein hacken.

2 Schafs- und Frischkäse mit Sahne, Senf, Worcestersauce und dem Leinöl zu einer cremigen Masse verrühren.

3 Knoblauch schälen und dazu pressen.

4 Die gehackten Brennnesselblätter unter die Käsecreme rühren und mit frisch gemahlenem Pfeffer würzig abschmecken.

Was schmeckt dazu? Karottenstifte, Paprikastreifen, Zucchinischeiben, süße Kartoffeln.

SARDELLEN-
Knoblauch-Creme

➔ **Für** 2 Portionen • **Zubereitungszeit** 15 Minuten

200 g körniger Frischkäse
3-4 Sardellenfilets
1 EL Worcestersauce
2 Knoblauchzehen
1 TL Oregano
1 EL Borretschöl
1 EL Apfelessig
1 Bund Schnittlauch
frischer Pfeffer
einige Schnittlauchröllchen für die Dekoration beiseitelegen

1 Sardellenfilets, Worcestersauce und Frischkäse mit dem Pürierstab mixen.

2 Schnittlauch waschen, in feine Röllchen schneiden.

3 Knoblauch schälen, pressen und mit den Schnittlauchröllchen unter die Käsemasse heben.

4 Borretschöl, Apfelessig und Oregano unterrühren.

5 Mit Pfeffer herzhaft abschmecken und mit einigen übriggelassenen Schnittlauchröllchen garnieren.

Was schmeckt dazu? Blumenkohlröschen, Selleriestifte und Zucchinischeiben.

ZIEGENKÄSE

mit Minze

➜ **Für** 2 Portionen • **Zubereitungszeit** 20 Minuten

100 g Quark
125 g Ziegenkäse
1 Knoblauchzehe
1 EL Senf
1 EL Zitronensaft
1 EL Leinöl
1 EL Schwarzkümmelöl
frischer Pfeffer
½ Bund Dill, Schnittlauch und Pfefferminze
Ein paar Minzeblätter für die Dekoration beiseitelegen

1 Quark und Ziegenkäse glatt verrühren.

2 Knoblauch schälen, pressen und unter die Käsemasse rühren.

3 Kräuter waschen, trocken tupfen und fein hacken.

4 Kräuter, Zitronensaft, Senf und die Öle unter die Quarkmasse heben und alles gut miteinander vermengen.

5 Mit frischem Pfeffer abschmecken und einigen Minzblättern dekorieren.

Was schmeckt dazu? Süßkartoffel, Karotten- und Selleriestifte.

VARIATION

Die Minze verleiht eine wunderbare Frische. Wenn Ihnen der Geschmack zu intensiv ist, kann diese durch Zitronenmelisse ersetzt werden.

FRISCHKÄSE
mit Bärlauch

➔ **Für** 2 Portionen • **Zubereitungszeit** 20 Minuten

200 g körniger Frischkäse
100 g Crème fraîche
100 g Bärlauch
2 Knoblauchzehen
1 kleine Zwiebel
1 TL Honig
1 EL Zitronensaft
1 EL Borretschöl
Salz
frischer Pfeffer
3 Bärlauchblätter zur Dekoration

1 Bärlauchblätter sorgfältig waschen, trocknen und klein hacken.

2 Die Zwiebel und die Knoblauchzehen schälen und fein würfeln.

3 Den Frischkäse, die Crème fraîche und die restlichen Zutaten gut miteinander verquirlen, mit Salz und frischem Pfeffer abschmecken.

4 Mit frischen Bärlauchblättern garnieren.

Was schmeckt dazu? Karottenstifte, Stangensellerie, Süßkartoffeln, Blumenkohlröschen.

VARIATIONEN

Für diesen Dip eignen sich auch andere Wildkräuter wie Sauerklee, Brunnenkresse, Löwenzahn.

ZWIEBEL-MASCARPONE-
Creme

➜ **Für** 2 Portionen • **Zubereitungszeit** 20 Minuten

1 große Zwiebel
125 g Mascarpone
50 g Bavaria blu oder Ziegenkäse
1 Schalotte
1 Bund Schnittlauch
2 EL Worcestersauce
2 EL Zitronensaft
1 EL Schwarzkümmelöl
2 EL Kokosöl
Salz
frischer Pfeffer

1 Zwiebel schälen, fein hacken, in Kokosöl goldgelb bräunen und erkalten lassen.

2 Mascarpone mit dem Schimmelkäse gut verrühren. Die gebräunte Zwiebel untermischen, mit Worcestersauce, Zitronensaft, Öl, frischem Pfeffer und etwas Salz würzen.

3 Schnittlauch waschen, abschütteln, in kleine Röllchen schneiden und unter die Masse rühren. Kalt stellen.

4 Schalotte schälen, in dünne Scheiben schneiden und die erkaltete Zwiebelcreme damit verzieren.

Was schmeckt dazu? Süßkartoffeln, Karottenstifte, Sellerie, Brokkoli, Gurke.

BRUNNENKRESSE
mit Schafsjoghurt

Für 2 Portionen • **Zubereitungszeit** 15 Minuten

Eine Handvoll Brunnenkresse (ca. 10-15 g) oder Gartenkresse
200 g Schafsjoghurt
1 kleine Zwiebel
1 Knoblauchzehe
1 EL Honig
1 TL Senf (scharf)
1 TL Zitronensaft
½ TL Kurkuma
frischer Pfeffer

1 Die frisch gepflückten grünen Frühlingsblättchen gut waschen, abtropfen und fein hacken.

2 Zwiebel und Knoblauch schälen und in kleine Würfelchen schneiden.

3 Den Joghurt mit Honig, Zitronensaft, Senf und Kurkuma verrühren, die Kresse, die Zwiebel und den Knoblauch unterrühren und alle Zutaten gut miteinander mischen.

4 Mit frischem Pfeffer abschmecken.

Was schmeckt dazu? Karottenstifte, Zucchinischeiben, Paprikaschoten und Blumenkohlröschen.

Die Brunnenkresse nach dem Waschen gut ausschütteln, denn in den Blütenkolben verstecken sich gerne kleine Käfer.

LACHS-MEERRETTICH-

Creme

→ **Für** 2 Portionen • **Zubereitungszeit** 15 Minuten

200 g Frischkäse
100 g gebratener Wildlachs
3 EL Crème fraîche
2 EL Sahnemeerrettich
1 Bund Dill
1 Knoblauchzehe
1 TL Zitronensaft
frischer Pfeffer
einige Dillspitzen als Dekoration beiseitelegen

1 Frischkäse, Lachs, Crème fraîche, Sahnemeerrettich und Zitronensaft zusammen mit dem Pürierstab cremig rühren.

2 Knoblauch schälen und durch die Knoblauchpresse drücken.

3 Dill waschen, trocknen, fein hacken und mit dem Knoblauch unter die Lachscreme heben.

4 Mit frischem Pfeffer abschmecken und mit Dillspitzen garnieren.

Was schmeckt dazu? Stangensellerie, Karottenstifte, Zucchinischeiben, Blumenkohl- und Brokkoliröschen.

SALATDRESSINGS

Die feine Ergänzung eines jeden Salates ist das Dressing. Meiden Sie – soweit es Ihnen möglich ist – Fertig-Dressings. Sie sind wahre Kalorienbomben! Selbst gemachte Salatsaucen sind gesünder und schmecken besser.

APFELESSIG-
Dressing

→ **Für** 2 Portionen • **Zubereitungszeit** 10 Minuten

3 EL Apfelessig
1 EL Limettensaft
3 EL Leinöl
1 EL Schwarzkümmelöl
1 Knoblauchzehe
1 EL Honig
1 TL süßer Senf
1 EL Sahne
1 TL Sesamkörner
frisch gemahlener Pfeffer
Salz

1 Honig mit den Ölen, dem süßen Senf, Sahne, Essig und Limettensaft gut verquirlen.

2 Knoblauch schälen und mit einer Presse dazu drücken.

3 Alle Zutaten gut miteinander vermischen. Je nach Geschmack mit etwas Salz und Pfeffer würzen und über den Salat gießen.

4 Mit Sesamkörnern bestreuen.

Was passt dazu? Bärlauchsalat, Blattsalat, Karottensalat, Selleriesalat.

SENF-
Dressing

➔ **Für** 2 Portionen • **Zubereitungszeit** 10 Minuten

Saft einer Zitrone
6 EL Olivenöl
1 EL Schwarzkümmelöl
1 EL Senf (scharf)
2 EL Sahne
1 Knoblauchzehe
1 TL Honig
Salz
frischer Pfeffer

1 Honig, Senf, die frisch gepresste Zitrone mit der Sahne und den Ölen gut verquirlen.

2 Knoblauchzehe schälen, zu Mus zerdrücken und unter das Dressing rühren.

3 Mit Pfeffer und Salz abschmecken.

Was passt dazu? Chicorée, Spinatsalat, Bärlauchsalat, Blattsalate.

KRÄUTER-
Knoblauch-Dressing

→ **Für** 2 Portionen • **Zubereitungszeit** 20 Minuten

1 kleine Zwiebel
2 kleine Frühlingszwiebeln
3 Knoblauchzehen
1 EL Honig
1 Becher Naturjoghurt (150 g)
50 g Magerquark
50 g Crème fraîche
3 EL Apfelessig
3 EL Leinöl
Saft einer ½ Zitrone
½ Bund Schnittlauch
½ Bund Petersilie
3 EL Kapern
frisch gemahlener Pfeffer

1 Die Zwiebel klein hacken und die geputzten gewaschenen Frühlingszwiebeln in feine Ringe schneiden.

2 Das Öl mit dem Magerquark, Joghurt und der Crème fraîche verquirlen. Zitronensaft und Apfelessig unterrühren und unter die Zwiebeln mischen.

3 Die geschälten, zerdrückten Knoblauchzehen dazugeben, mit Pfeffer und Honig würzen.

4 Die verlesenen, gewaschenen, trockengetupften und kleingeschnittenen Kräuter sowie ¾ der gut abgetropften Kapern dazugeben und nochmals abschmecken.

5 Das Dressing über den Salat gießen und mit den restlichen Kapern bestreuen.

Was passt dazu? Löwenzahnsalat, Paprikasalat, Blattsalat.

JOGHURT-
Dressing

→ **Für** 2 Portionen • **Zubereitungszeit** 15 Minuten

1 Becher Naturjoghurt (150 g)
1 unbehandelte Zitrone
½ TL Zitronenabrieb
2 EL Zitronensaft
½ Bund Schnittlauch
3 EL Borretschöl
1 EL Senf (scharf)
1 EL Honig
frischer Pfeffer

1 Zitrone heiß abwaschen, abtrocknen, die Schale abreiben und den Saft auspressen.

2 Schnittlauch waschen, trocknen und in feine Röllchen schneiden.

3 Joghurt mit Zitronensaft und Zitronenabrieb, dem Öl, Senf, Honig und den Schnittlauchröllchen verrühren.

4 Das Dressing mit Pfeffer und Zitronensaft abschmecken.

Was passt dazu? Chicorée, Löwenzahnsalat, Feldsalat.

ROQUEFORT-Dressing

→ **Für** 2 Portionen • **Zubereitungszeit** 15 Minuten

100 g Roquefort, zerkrümelt
3 EL Apfelessig
2 EL Sesamsamen
2 TL Honig
4 EL Sahne
2 kleine Frühlingszwiebeln
2 EL Schwarzkümmelöl
4 EL Sesam- oder Olivenöl
Salz
frischer Pfeffer

1 Frühlingszwiebeln waschen, abtropfen und sowohl den weißen als auch den grünen Teil in dünne Ringe schneiden.

2 Sesamsamen in einer fettfreien Pfanne unter ständigem Rühren leicht rösten, abkühlen lassen.

3 Sesam- und Schwarzkümmelöl, Honig, Sahne und Essig gut miteinander verquirlen. Mit Salz und Pfeffer abschmecken.

4 Die Frühlingszwiebeln, den zerkrümelten Roquefort mit den gerösteten Sesamsamen unter das fertige Dressing mischen.

Was passt dazu? Feldsalat, Endiviensalat, Löwenzahnsalat, Spinatsalat.

CAESAR-
Dressing

Für 2 Portionen • **Zubereitungszeit** 15 Minuten

2 Knoblauchzehen
1 TL Anchovispaste
2 EL Zitronensaft
1 TL Senf (Dijon scharf)
1 EL Worcestersauce
1 EL Sahne
5 EL Mayonnaise (selbst hergestellt)
3 EL frisch geriebener Parmesan
Salz
frischer Pfeffer

1 In einer kleinen Schüssel Anchovy-Paste, Zitronensaft, Senf, Sahne und Worcestersauce gut miteinander verrühren.

2 Knoblauch häuten und durch eine Knoblauchpresse in die Anchovispaste drücken.

3 Mayonnaise und Parmesan mit etwas Salz und Pfeffer darunter mischen und zu einem cremigen Dressing verquirlen.

Was passt dazu? Romanasalat (der knackigste aller Salate), Feldsalat, grüner Blattsalat.

LIMETTEN-
Dressing

Für 2 Portionen • **Zubereitungszeit** 10 Minuten

Saft einer Limette
3 EL Borretschöl
1 TL Paprikapulver, edelsüß
5 EL saure Sahne
1 TL Honig
frischer Pfeffer

1 Das Öl mit dem Honig, der sauren Sahne, Limettensaft und Paprikapulver gut verrühren.

2 Mit frischem Pfeffer abschmecken.

Was passt dazu? Eisbergsalat mit Radieschen und Frühlingszwiebeln, Feldsalat, Löwenzahnsalat.

ASIATISCHES

Dressing

➜ **Für** 2 Portionen • **Zubereitungszeit** 10 Minuten

100 g saure Sahne
2 EL Limettensaft
2 EL Sojasoße
1 EL flüssiger Honig
20 g frischer Ingwer
2 Knoblauchzehen
4 EL Sesamöl
2 EL Gemüsebrühe
1 EL Apfelessig
frisch gemahlener Pfeffer

1 Saure Sahne mit Gemüsebrühe, Limettensaft, Sojasoße, Honig, Sesamöl und frischem Pfeffer gut verquirlen.

2 Ingwer und Knoblauch schälen, fein würfeln und zu der Marinade geben.

3 Je nach Geschmack mit Apfelessig abschmecken.

Was passt dazu? Gemischter grüner Blattsalat, Bärlauch, Löwenzahn, Chicorée.

KAROTTEN-APFEL-

Dressing

→ **Für** 2 Portionen • **Zubereitungszeit** 15 Minuten

4 EL Karottensaft
4 EL Apfelsaft
1 EL flüssiger Honig
1 Bio-Limette
4 EL Olivenöl
Salz
frischer Pfeffer
1 EL Sesamsamen (ungeschält)
6 Minzeblätter

1 Sesamsamen in einer fettfreien Pfanne goldgelb rösten. Auf einem Teller abkühlen lassen.

2 Limette heiß abwaschen, abtrocknen und die Schale fein abreiben. Limette halbieren und 2 EL Saft auspressen.

3 Minze waschen, trocken tupfen und klein schneiden.

4 Karotten-, Apfel- und Limettensaft verquirlen. Den Honig, das Öl, die gerösteten Sesamkörner, die Minze und die abgeriebene Limettenschale unterrühren. Mit Salz und Pfeffer abschmecken.

Was passt dazu? Chicorée, Löwenzahn, Endiviensalat, bunter Blattsalat.

TIPP

Wenn möglich Karotten- und Apfelsaft frisch pressen, ansonsten den Saft im Bioladen kaufen.

MANGO-APFEL-
Dressing

→ **Für** 2 Portionen • **Zubereitungszeit** 10 Minuten

6 EL Mango-Apfelsaft
4 EL Sahne
1 Eigelb
2 EL Zitronensaft
1 EL Honig
5 EL Borretschöl
½ TL abgeriebene Zitronenschale (unbehandelt)
Salz
Pfeffer aus der Mühle
Minzeblätter

1 Mango-Apfelsaft, Eigelb, Honig, Sahne und Zitronensaft mit dem Pürierstab cremig rühren.

2 Abgeriebene Zitronenschale und Öl dazugeben, einrühren und mit Salz, Pfeffer und Minze abschmecken.

3 Dressing über dem Salat verteilen.

Was passt dazu? Brunnenkresse, Löwenzahn, Feldsalat, Chicorée.

TIPP

Mango-Apfelsaft im Bioladen kaufen oder frisch selbst pressen.

SALATE

Salate sind mehr als nur grüne Blätter! Sie schmecken köstlich und sind voller Vitamine. Als kleine Zwischenmahlzeit, als Hauptgericht, kombiniert mit Samen und Nüssen, aromatischen Kräutern oder Getreide werden sie zu einer vollwertigen Mahlzeit. „Ein gesunder Gaumenschmaus“.

SCHWARZER-BELUGA-LINSEN-Salat

→ **Für** 2 Portionen • **Zubereitungszeit** 30 Minuten

200 g Linsen
400 ml Wasser
1 Lorbeerblatt
1 rote Paprika
1 Bund Blattpetersilie
8 EL Apfelessig
1 großer Apfel
1 kleine Zwiebel
2 Knoblauchzehen
1 EL Honig
4 EL Olivenöl
Salz und Pfeffer je nach Geschmack

1 Linsen waschen, Wasser erhitzen, Linsen und Lorbeerblatt hinzufügen und für ca. 8-10 Minuten bissfest kochen. In einem Sieb abkühlen lassen.

2 Paprika und Apfel waschen, halbieren, die Kerngehäuse entfernen, Gemüse und Obst in feine ca. 2 cm lange Stifte schneiden. Der Apfel kann auch in Würfel geschnitten werden.

3 Zwiebel und Knoblauch abziehen und in kleine Würfel schneiden.

4 Petersilie waschen, abtrocknen und fein hacken.

5 Die abgekühlten Linsen mit Paprika, Apfel, Zwiebel, Knoblauch und der feingehackten Petersilie vermengen, mit Honig, Salz, Pfeffer, Apfelessig und Olivenöl abschmecken.

Was passt dazu? Walnussbrot.

VARIATIONEN

Alternativ zu Paprika können auch Zucchini, Erbsen, Kresse oder fein geraspelte Karotten verwendet werden.

ACHTUNG

Schwarzkümmelöl hat einen sehr intensiven Geschmack. Hier gilt – weniger ist mehr!

LÖWENZAHN-ROTE-BETE-
Salat

Für 2 Portionen • **Zubereitungszeit** 20 Minuten

1 große Handvoll Löwenzahnblätter (ca. 100 g)
1 große Rote Bete
1 Apfel
Saft einer Zitrone
2 EL Honig
50 g Frischkäse (Doppelrahm)
2 EL Sahne
1 TL Sahnemeerrettich
1 TL Schwarzkümmelöl
2 EL Olivenöl
2 TL Sesamsamen
Salz
frischer Pfeffer

1 Die Löwenzahnblätter waschen, trocken tupfen, in Streifen schneiden und in einer Salatschüssel beiseite stellen.

2 Die Rote Beete unter fließendem Wasser bürsten, trocknen und wie einen Apfel schälen. In feine Stifte raspeln und unter den Löwenzahn mischen.

3 Den Apfel waschen, nicht schälen, halbieren, das Kerngehäuse entfernen, in Stifte hobeln und zu den anderen Zutaten geben.

4 Den Frischkäse mit so viel Sahne verrühren, dass eine cremige Masse entsteht. Diese Masse mit Zitronensaft, Honig, Sahnemeerrettich, Salz, Pfeffer und den Ölen pikant abschmecken.

5 Das Dressing unter den Salat mischen und mit Sesamsamen bestreuen.

Was passt dazu?

Pellkartoffeln, Folienkartoffeln.

GRÜNE-BOHNEN-
Knoblauch-Salat

→ **Für** 2 Portionen • **Zubereitungszeit** 20 Minuten

600 g grüne junge Bohnen
3 Knoblauchzehen
2 Schalotten
2 cm Stück frische Ingwerwurzel
4 EL Olivenöl
4 EL Apfelessig
1 TL Bohnenkraut
Salz
frischer Pfeffer

1 Bohnen waschen, die Enden abschneiden und in genügend Salzwasser (ca. 750 ml) 8 Minuten bissfest garen. Abtropfen lassen und halbieren.

2 Die Bohnen in einer Schüssel zugedeckt beiseite stellen.

3 Knoblauchzehen, Schalotten und Ingwerwurzel schälen. Knoblauch in der Presse zu Mus zerdrücken. Ingwer und Schalotten in sehr feine Würfelchen schneiden und alle Zutaten über die noch warmen Bohnen streuen.

4 Olivenöl mit dem Apfelessig verquirlen, mit Salz und Pfeffer würzen und unter die Bohnen mischen.

5 Mit Bohnenkraut bestreuen und servieren.

Was passt dazu? Ofenkartoffeln mit Parmesan überbacken.

LÖWENZAHN-SPINAT-

Salat

Für 2 Portionen • **Zubereitungszeit** 25 Minuten

100 g Löwenzahnblätter
100 g junger Blattspinat
100 g Kirschtomaten
1 Knoblauchzehe
2 EL Sahne
1 TL Senf (scharf)
1 EL flüssiger Honig
4 EL Leinöl
2 EL Apfelessig
100 g Schafskäse
Salz
frischer Pfeffer

1 Blattspinat und Löwenzahnblätter sorgfältig abspülen, trocken tupfen und in mundgerechte Stücke zerteilen.

2 Tomaten waschen, halbieren und die Stängelansätze herausschneiden.

3 Den Essig mit Senf, Honig und der Sahne verrühren, das Leinöl unterschlagen, mit Salz und frischem Pfeffer würzen.

4 Knoblauchzehe abziehen, zu Mus zerdrücken und unter die Marinade rühren.

5 Blattspinat und Löwenzahnblätter in eine Schüssel geben und mit der Salatsoße gut vermischen. Den Salat auf zwei Tellern anrichten.

6 Schafskäse in kleine Würfel schneiden, den Salat mit den Tomatenhälften und Schafskäsewürfeln garnieren.

Was schmeckt dazu? Bauernbrot.

PAPRIKA-BÄRLAUCH-
Salat

→ **Für** 2 Portionen • **Zubereitungszeit** 25 Minuten

500 g rote Paprikaschoten
200 g Bärlauch oder Blattspinat
100 g Ziegenkäse
5 EL Borretschöl
1 EL Schwarzkümmelöl
3 EL Sesamsamen
3 EL Apfelessig
1 EL Honig
1 EL Zitronensaft
2 EL Sahne
Salz
Pfeffer aus der Mühle

1 Paprika waschen, halbieren, das Kerngehäuse entfernen und in dünne Streifen schneiden. Paprikastreifen in einer großen Schüssel beiseite stellen.

2 Bärlauch sorgfältig Blatt für Blatt waschen, abtrocknen, fein hacken und unter die Paprikastreifen mischen.

3 Sesamsamen in einer Pfanne ohne Fett goldgelb rösten, abkühlen lassen.

4 In der Zwischenzeit den Ziegenkäse zerbröckeln und mit der Sahne glatt rühren.

5 Borretsch- und Schwarzkümmelöl mit Apfelessig, Zitronensaft, Honig, Sahne, dem Ziegenkäse und den gerösteten Sesamkernen mit einer Gabel gut verquirlen, mit Salz und Pfeffer abschmecken.

6 Marinade über den Salat gießen und alles gut miteinander vermischen.

Was passt dazu? Wilder Reis, Vollkornreis, Butterkartoffeln.

QUINOA-RUCOLA-
Salat

→ **Für** 2 Portionen • **Zubereitungszeit** 30 Minuten

100 g Quinoa
250 ml Gemüsebrühe
100 g Rucola
1 rote Paprikaschote
1 kleine Zucchini
4 EL Limettensaft
1 EL Honig
1 Bund Frühlingszwiebeln
4 EL Olivenöl
2 EL Borretschöl
2 EL Apfelessig
2 EL Kürbiskerne
Salz
frischer Pfeffer
je nach Geschmack
Kreuzkümmel (Cumin)

1 Quinoa mit der Gemüsebrühe aufkochen und bei schwacher Hitze zugedeckt 10 Minuten garen. Quinoa ausquellen und abkühlen lassen, dabei ab und zu durchrühren.

2 In der Zwischenzeit Rucola putzen, abspülen, trocknen und in mundgerechte Stücke zupfen.

3 Paprika halbieren, waschen, das Kerngehäuse entfernen und in 2 cm dünne Streifen schneiden.

4 Zucchini und Frühlingszwiebeln waschen. Zucchini längs halbieren und in dünne Scheiben schneiden. Die Frühlingszwiebeln – sowohl den weißen als auch den grünen Teil – fein hacken.

5 Oliven- und Borretschöl, Limettensaft, Apfelessig, Zwiebeln mit dem Grün und Honig in einer Schüssel verrühren. Die Marinade mit Salz, Pfeffer und je nach Geschmack mit Kreuzkümmel würzen.

6 Den Salat mit Quinoa, Zucchini und Paprika auf zwei Tellern anrichten, mit dem Dressing beträufeln und Kürbiskernen bestreuen.

Was passt dazu? Bauernbrot.

KOHLRABI-ZUCCHINI-RADIESCHEN-Salat

→ **Für** 2 Portionen • **Zubereitungszeit** 25 Minuten

2 junge Kohlrabi
1 kleine Zucchini
Radieschen je nach Geschmack
Saft einer ½ Zitrone
20 g Gorgonzola
2 EL Sahne
2 EL Crème fraîche
2 EL Senf (scharf)
1 EL Olivenöl
1 EL Borretschöl
¼ Bund Schnittlauch
1 EL Apfelessig (je nach Geschmack)
1 EL Honig
Salz, Pfeffer aus der Mühle
1 EL Kürbiskerne

1 Kohlrabi schälen, in hauchdünne Scheiben hobeln und fächerartig auf zwei Tellern anrichten.

2 Zucchini waschen, trockenreiben, in dünne Scheiben schneiden und über die Kohlrabischeiben verteilen.

3 Radieschen waschen, abtrocknen und in dünnen Scheiben über die Salatportionen streuen.

4 Käse mit einer Gabel zerdrücken, mit Crème fraîche, Oliven- und Borretschöl, Honig, Senf und Sahne cremig rühren und so viel Zitronensaft dazugeben, bis die Soße flüssig ist.

5 Marinade mit Salz, Pfeffer und eventuell noch etwas Apfelessig abschmecken und über den angerichteten Salat geben.

6 Mit Kürbiskernen und dem gewaschenen in Röllchen geschnittenen Schnittlauch bestreuen.

Was passt dazu? Schwarzbrot, Bauernbrot.

ROTER LINSEN-LAUCH-

Salat mit Backpflaumen

→ **Für** 2 Portionen • **Zubereitungszeit** 30 Minuten

150 g Lauch
100 g rote Linsen
125 ml Gemüsebrühe (instant)
50 g getrocknete Pflaumen
1 kleine Zwiebel
2 EL Olivenöl
Saft einer ½ Zitrone
2 EL Sahne
1 EL Senf
1 TL Honig
Salz
frisch gemahlener Pfeffer
einige Salatblätter

1 Linsen mit Gemüsebrühe kurz aufkochen und bei schwacher Hitze ca. 10 Minuten ausquellen lassen. Abtropfen.

2 Pflaumen halbieren und würfeln. Lauch putzen, waschen und in feine Streifen schneiden.

3 Zwiebel schälen und in Ringe schneiden. Beides, Lauch und Zwiebel, in Öl andünsten. Linsen und Pflaumen zufügen.

4 Zitronensaft, Senf, Sahne, Salz, Pfeffer und Honig verrühren, über den Lauch gießen und kurz mitdünsten. Abschmecken.

5 Salatblätter waschen und in mundgerechte Stücke zupfen. Zwei Salatteller damit auslegen und den Linsen-Lauchsalat lauwarm darauf anrichten.

Was schmeckt dazu? Walnussbrot, Schwarzbrot.

ROTE BETE
mit Feldsalat

→ **Für** 2 Portionen • **Zubereitungszeit** 25 Minuten

250 g gekochte Rote Bete
1 Knoblauchzehe
2 EL Apfelessig
3 EL Olivenöl
1 EL Senf
1 EL Honig
30 g Walnusskerne
100 g weiße Bohnen (Dose)
50 g Feldsalat
20 g Parmesan (im Stück)
Salz
frischer Pfeffer

1 Rote Bete in sehr dünne Scheiben hobeln und auf zwei Tellern auslegen.

2 Knoblauch schälen, zu Mus pressen, mit Essig, Öl, Senf und Honig in einer kleinen Schüssel glatt rühren. Mit Salz und Pfeffer würzen.

3 Walnüsse hacken. Die Bohnen abbrausen, abtropfen und beides unter das Dressing rühren.

4 Feldsalat gründlich waschen, trocken tupfen und auf die Roten Bete verteilen. Mit dem Dressing beträufeln.

5 Parmesan mit dem Schäler in feine Streifen hobeln, den Salat damit bestreuen und servieren.

Was passt dazu? Bratkartoffeln, Folienkartoffeln mit Kümmelquark.

BULGUR-PETERSILIEN-

Salat

➜ **Für** 2 Portionen • **Zubereitungszeit** 15 Minuten

100 g grober Bulgur (Weizengrütze)
125 ml Wasser
2 Frühlingszwiebeln
2 Bund Blattpetersilie
1 Zitrone
250 g Tomaten
2 EL Borretschöl
Salz
frischer Pfeffer
Kreuzkümmel (Cumin) je nach Geschmack
Einige Blätter Petersilie für die Dekoration beiseitelegen

1 Bulgur in eine kleine Schüssel geben, das lauwarme Wasser hinzufügen und bedeckt ca. 2 Stunden quellen lassen. Das Getreide saugt die Flüssigkeit vollständig auf. (Es wird nicht gekocht!)

2 In der Zwischenzeit Frühlingszwiebeln und Petersilie verlesen, waschen, trocken tupfen und fein hacken – von den Frühlingszwiebeln sowohl den weißen als auch den grünen Teil verwenden.

3 Tomaten waschen, die Stängelansätze entfernen und in kleine Würfel schneiden.

4 Zitrone auspressen.

5 Den Bulgur, wenn nötig, abseihen und alle Zutaten in einer großen Schüssel miteinander vermischen. Mit Salz und Pfeffer pikant abschmecken.

6 Auf zwei Tellern anrichten und mit Petersilie dekorieren.

Was passt dazu? Schwarzbrot.

CHICORÉE-RUCOLA-
Salat

→ **Für** 2 Portionen • **Zubereitungszeit** 15 Minuten

250 g Chicorée
200 g Rucola
20 g Kürbiskerne
20 g gehackte Walnüsse
4 EL Apfelessig
1 EL Honig
4 EL Olivenöl
1 EL Schwarzkümmelöl
2 EL saure Sahne
Salz
frischer Pfeffer

1 Chicoréeblätter vom Strunk lösen, waschen, trocken tupfen und in dicke Streifen schneiden.

2 Rucola waschen, trocknen und grob hacken Rucola und Chicorée in eine Schüssel geben und leicht vermengen.

3 Apfelessig, Honig, saure Sahne mit den Ölen gut verquirlen, mit Salz und frischem Pfeffer würzen.

4 Marinade über den Salat gießen und mit Walnuss und Kürbiskernen dekoriert servieren.

Was passt dazu? Schwarzbrot, Bauernbrot.

GURKEN-LÖWENZAHN-

Salat

→ **Für** 2 Portionen • **Zubereitungszeit** 15 Minuten

2 Stangengurken
100 g Löwenzahn
½ Becher Sahne (100 g)
2 EL Senf (scharf)
1 TL Honig
50 g Schafskäse
3 EL Apfelessig
2 EL Olivenöl
Salz
frischer Pfeffer
2 EL gehackte Pecannüsse

1 Gurken schälen, der Länge nach halbieren und mit einem Teelöffel die Kerne herauskratzen. Gurken in dünne Scheiben hobeln.

2 Löwenzahnblätter sorgfältig waschen, trocknen und fein hacken.

3 Schafskäse mit Sahne glatt rühren, mit Senf, Honig und Olivenöl gut verquirlen. Mit Salz, Pfeffer und Apfelessig abschmecken.

4 Das Gewürzdressing unter den Salat mischen und den Salat mit gehackten Pecannüssen bestreuen.

Was passt dazu? Auf dem Blech gebackene Kümmel-Kartoffeln

VARIATIONEN

Statt Löwenzahn kann auch Rucola oder Feldsalat verwendet werden.

AVOCADO-Salat

→ **Für** 2 Portionen • **Zubereitungszeit** 25 Minuten

2 reife Avocados
1 kleine rote Zwiebel
½ Bund Schnittlauch oder Löwenzahnblätter
1 Bio-Limette
1 Limette
2 EL Leinöl
2 Knoblauchzehen
1 EL Kürbiskerne
frisch gemahlener Pfeffer

1 Avocado halbieren, den Stein entfernen, Avocado schälen und in Würfel schneiden.

2 Zwiebel schälen, fein hacken und in einer Schüssel beiseite stellen.

3 Schnittlauch waschen, abschütteln und in kleine Röllchen schneiden.

4 Bio-Limette heiß abwaschen, abtrocknen, die Schale abreiben und den Saft auspressen. Zweite Limette entsaften, den Saft der beiden Limetten über die Zwiebel gießen.

5 Knoblauch schälen und in die Zwiebel pressen.

6 Leinöl, frischen Pfeffer, fein geriebene Schale der Bio-Limette und Schnittlauch unter die Zwiebelmasse rühren, alles gut miteinander verquirlen und abschmecken.

7 Die Avocado-Würfel vorsichtig unter die Zwiebelmarinade heben, sodass die Avocado nicht zu sehr zerdrückt wird. Mit Kürbiskernen bestreuen.

Was passt dazu? Schwarzbrot, Bauernbrot.

BROKKOLI-SALAT
mit Joghurtdressing

→ **Für** 2 Portionen • **Zubereitungszeit** 25 Minuten

250 g Brokkoli
200 g Kirschtomaten
1 Becher Naturjoghurt (150 g)
½ Bund Frühlingszwiebeln
Saft einer ½ Zitrone
3 EL Leinöl
1 EL Honig
1 EL Crème fraîche
Salz
frisch gemahlener Pfeffer
10 g gehackte Walnüsse

1 Brokkoli waschen, trocken tupfen und in Röschen teilen.

2 Tomaten und Frühlingszwiebeln waschen. Die Tomaten halbieren, die Frühlingszwiebeln fein hacken – und sowohl den weißen als auch den grünen Teil – in Röllchen schneiden. Beiseite stellen.

3 Brokkoli in kochendem Salzwasser bissfest garen und kalt abschrecken, abtropfen lassen.

4 Salz, Pfeffer, Zitronensaft, Honig, Crème fraîche, Joghurt und Leinöl gut miteinander verquirlen.

5 Brokkoli, Tomaten und Frühlingszwiebeln auf zwei Tellern anrichten und mit dem Dressing beträufelt servieren.

6 Mit gehackten Walnüssen garnieren.

Was passt dazu? Wilder Reis, Vollkornreis.

HIRSE-BRUNNENKRESSE-
Salat

→ **Für** 2 Portionen • **Zubereitungszeit** 35 Minuten

100 g Hirse
250 ml Gemüsebrühe
1 kleine Zwiebel
2 EL Olivenöl
1 rote oder gelbe Paprikaschote
30 g Brunnenkresse (kleine Handvoll)
1 Kohlrabi
1 kleine Salatgurke
4 EL Zitronensaft
2 EL Sahne
3 EL Leinöl
1 EL Schwarzkümmelöl
2 EL Apfelessig
etwa ½ TL Kurkuma
etwa ½ TLgeriebener Ingwer
Salz
frischer Pfeffer

1 Zwiebel schälen, halbieren und fein hacken.

2 Olivenöl in einem Topf erhitzen und die Zwiebel darin goldgelb anbraten. Die Hirse mit etwa 200 ml Gemüsebrühe hinzugeben und bei schwacher Hitze zugedeckt in etwa 8-10 Minuten garen. Die Hirse ausquellen lassen, dabei ab und zu durchrühren. Die gegarte Hirse in einer Salatschüssel beiseite stellen.

3 Von der Brunnenkresse die unteren dicken Stiele abschneiden. Kresse gut waschen, trocken tupfen und grob hacken. Einige ganze Blättchen zur Dekoration zurücklegen.

4 Paprika halbieren, waschen, das Kerngehäuse entfernen und in Würfel schneiden. Kohlrabi schälen und grob raspeln.

5 Die Salatgurke heiß abwaschen, abtrocknen und beide Enden abschneiden. Gurke längs halbieren, mit einem kleinen Löffel das Kerngehäuse entfernen, Gurke in dünne Scheiben schneiden.

6 Für die Marinade die Öle, Zitronensaft, Apfelessig, Kurkuma, Sahne, Ingwer und die restliche Gemüsebrühe gut miteinander verquirlen. Die Soße mit Salz und frischem Pfeffer würzen.

7 Die beiseite gestellte Hirse mit 2 Gabeln auflockern. Paprikawürfel, Kohlrabiraspeln, Salatgurke und Kresse unterheben.

8 Die Marinade zu dem Salat geben und alle Zutaten gut vermischen. Den Salat, wenn nötig, nochmals nachwürzen.

9 Vor dem Servieren mit Kresseblättchen dekorieren.

Was passt dazu? Schwarzbrot.

VARIATIONEN

Statt Brunnenkresse: Gartenkresse, Rucola, Löwenzahn, Bärlauch oder einige Blätter Minze verwenden.

KAROTTEN-SAUERKLEE-
Salat

Für 2 Portionen • **Zubereitungszeit** 25 Minuten

500 g Karotten
50 g Sauerklee oder Rucola (kleine Handvoll)
1 kleine Zwiebel
½ Bund Schnittlauch
3 EL Olivenöl
2 EL Leinöl
4 EL Apfelessig
Saft einer ½ Zitrone
1 EL Honig
1 EL Kürbiskerne
Salz
frischer Pfeffer

1 Karotten waschen, nicht schälen – denn das Beste sitzt unter der Schale – und auf einer Reibe zu streichholzfeinen Streifen raspeln. In einer Schüssel beiseite stellen.

2 Sauerklee oder Rucola waschen, trocknen, grob hacken und unter die Karottenstifte mischen.

3 Zwiebel schälen und fein hacken. Schnittlauch verlesen, waschen und in Röllchen schneiden.

4 Apfelessig, Zitronensaft, Zwiebel, Schnittlauch, Honig und die Öle sämig miteinander verquirlen. Mit Salz und Pfeffer abschmecken.

5 Marinade unter den Salat mischen und 5 Minuten ziehen lassen.

6 Mit einigen Sauerkleeblättchen und Kürbiskernen garnieren, servieren.

Was passt dazu? Gebackene Süßkartoffeln, Kümmelkartoffeln.

ROTE-BETE-BÄRLAUCH-
Salat

→ **Für** 2 Portionen • **Zubereitungszeit** 25 Minuten

400 g frische Rote Beete
100 g Bärlauch
1 Zitrone
1 EL Honig
2 EL Meerrettich
2 EL Sesamsamen
2 EL Sahne
¼ TL Zimtpulver
Salz
frischer Pfeffer

1 Rote Beete unter fließendem Wasser bürsten, schälen, in feine Streifen hobeln und in einer Salatschüssel beiseite stellen.

2 Bärlauch waschen, trocknen, grob hacken und unter die Rote Bete mischen.

3 Zitrone auspressen. Den Saft über den Salat gießen.

4 Sesamsamen in einer Pfanne ohne Fett kurz rösten, erkalten lassen.

5 Honig, Meerrettich und Sahne gut miteinander verrühren, mit Zimt, Salz und etwas frischem Pfeffer abschmecken und unter die Rote Bete rühren.

6 Den fertig angerichteten Salat mit Sesamsamen bestreuen.

VARIATIONEN

Statt Bärlauch kann auch Rucola oder Blattspinat verwendet werden.

Was passt dazu? Schwarzbrot oder deftiges Bauernbrot.

FISCHGERICHTE

KABELJAU
mit Bärlauch-Gemüse

Für 2 Portionen • **Zubereitungszeit** 35 Minuten

2 Kabeljaufilets (ca. 400 g)
300 g Bärlauchblätter
4 Knoblauchzehen
1 Zwiebel
½ Becher Sauerrahm (100 g)
4-6 EL Sahne
Saft einer ½ Zitrone
etwas Sherry (medium)
2 EL Olivenöl
2 EL Kokosöl
Salz
frischer Pfeffer
Muskatnuss nach Geschmack
2 EL Sonnenblumenkerne
Dillspitzen für die Dekoration

1 Kabeljau waschen, trocknen, mit Zitronensaft beträufeln und kurz ziehen lassen.

2 Inzwischen Bärlauchblätter sorgfältig waschen, abtrocknen und in feine Streifen schneiden.

3 Zwiebel und Knoblauchzehen schälen und in kleine Würfel hacken.

4 Olivenöl erhitzen, Zwiebel und Knoblauch darin goldgelb bräunen, Bärlauchblätter, geriebene Muskatnuss und den Sauerrahm zugeben und leicht aufkochen. Von der Herdplatte nehmen, mit Sahne, Zitronensaft, einem Schuss Sherry, Salz und Pfeffer verfeinern und zugedeckt noch etwas ziehen lassen.

5 Kokosöl in einer zweiten Pfanne erhitzen, Fischfilets von jeder Seite etwa 4 Minuten mehr dämpfen als braten.

6 Auf warmen Tellern Gemüse und Fisch anrichten, mit rohen Sonnenblumenkernen bestreut servieren.

Was schmeckt dazu? Kleine Butterkartoffeln.

HEILBUTT
Natur

→ **Für** 2 Portionen • **Zubereitungszeit** 20 Minuten

2 Heilbuttfilets (ca. 400 g)
2 EL Butter
Saft einer ½ Zitrone
2 EL Sahne
½ Bund Dill
Salz
frischer Pfeffer

1 Filets unter kaltem Wasser waschen und trocken tupfen.

2 Dill fein hacken. Einige Dillspitzen für die Dekoration beiseitelegen.

3 Butter in einer Pfanne schmelzen und die Filets darin von jeder Seite ca. 3 Minuten braten. Zitronensaft, Dill und Sahne unterrühren, mit Pfeffer und Salz abschmecken.

4 Heilbutt mit Dillspitzen garnieren und sofort servieren.

Was schmeckt dazu? Feldsalat, Chicorée, Karottensalat.

THUNFISCH
mit Meerrettich-Soße

→ **Für** 2 Portionen • **Zubereitungszeit** 30 Minuten

2 Scheiben Thunfisch (ca. 400 g)
2 EL Butter
2 EL Meerrettich (scharf)
½ Becher Sahne (100 g)
1 Handvoll Brunnenkresse (ca. 10-15 g)
2 EL Olivenöl
3 EL Sesamsamen
2 Zitronenschnitze zum Garnieren
Salz
frischer Pfeffer

1 Fisch waschen, trocknen und in Sesamsamen wälzen. Das Öl in einer Pfanne erhitzen, die Filets von jeder Seite ca. 4 Minuten braten. Warm stellen.

2 Brunnenkresse verlesen, waschen und trocken tupfen und die Blättchen fein hacken.

3 Butter schmelzen, Meerrettich und Sahne einrühren und kurz aufkochen lassen. Die fein gehackte Brunnenkresse unter die Meerrettich-Sahne-Soße mischen. Mit Salz und Pfeffer abschmecken.

4 Die Soße auf zwei vorgewärmte Teller verteilen, den Fisch darauf anrichten und mit einem Zitronenschnitz garnieren.

Was schmeckt dazu? In Butter gebräunte Zuckererbsen.

VARIATION

Brunnenkresse kann auch durch Gartenkresse ersetzt werden.

LACHSFILET

mit Brennnessel-Gemüse

→ **Für** 2 Portionen • **Zubereitungszeit** 45 Minuten

2 Lachsfilets (ca. 400 g)
300 g Brennnesselblätter
4 EL Kokosöl
4 Knoblauchzehen
3 Lauchzwiebeln
1 Becher Sahne (200 g)
4 EL Crème fraîche
Saft einer ½ Zitrone
1 Schuss Sherry (medium)
25 g gehackte Walnusskerne
Muskat nach Geschmack
Salz
frischer Pfeffer

1 Fisch waschen, trocken tupfen und mit etwas Zitronensaft bestreichen. Kurz ziehen lassen.

2 Inzwischen Brennnesselblätter gut waschen, mit heißem Wasser übergießen, abseihen und fein hacken.

3 Knoblauch schälen und zusammen mit den gewaschenen Lauchzwiebeln in kleine Würfelchen schneiden.

4 2 EL Kokosöl in einem Topf erhitzen, Knoblauch und Zwiebeln darin goldgelb bräunen. Brennnesselblätter, Crème fraîche und Sahne dazugeben und kurz (ca. 8 Minuten) mehr ziehen als köcheln lassen. Dabei mehrmals umrühren. Mit einem guten Schuss Sherry, Muskat, frischem Pfeffer, einigen Tropfen Zitronensaft und Salz abschmecken.

5 Das restliche Kokosöl in einer Pfanne erhitzen und den Fisch darin von jeder Seite ca. 5 Minuten braten.

6 Auf vorgewärmten Tellern das Filet mit dem Brennnesselgemüse anrichten und mit gehackten Walnusskernen bestreuen.

Was schmeckt dazu? Vollkornreis.

GARNELEN-CURRY-
Pfanne

→ **Für** 2 Portionen • **Zubereitungszeit** 30 Minuten

250 g küchenfertige Garnelen (ohne Schale)
1 kleine Zucchini
1 Tomate
1 rote Paprikaschote
2 große Knoblauchzehen
3 EL Olivenöl
1 TL Currypulver
1 TL Kurkuma
1 Becher Sahne (200 g)
1 Schuss Sherry (medium)
Salz
frischer Pfeffer

1 Zucchini, Paprika und Tomate abbrausen, Paprika entkernen und das Gemüse klein würfeln.

2 Garnelen abbrausen und trocken tupfen.

3 Knoblauchzehen abziehen und in dünne Scheiben schneiden.

4 Olivenöl in einer Pfanne erhitzen, Garnelen darin je Seite ca. 2 Minuten braten, herausnehmen und warm stellen.

5 Gemüse, Currypulver, Kurkuma und Knoblauch in dieselbe, noch heiße Fettpfanne geben und alle Zutaten leicht andünsten. Sahne und Sherry zugießen, die Garnelen unterrühren und mit Salz und Pfeffer würzen.

Was schmeckt dazu? Vollkornreis.

ZITRONENZANDER

mit Mangoldgemüse

➜ **Für** 2 Portionen • **Zubereitungszeit** 65 Minuten

2 Zanderfilets (ca. 400 g)
250 g Mangold
1 Zitrone
1 Zwiebel
2 Tomaten
½ Becher Crème fraîche (100 g)
½ Becher Sahne (100 g)
4-6 EL Weißwein
6 Stiele Oregano
1 EL Kokosöl
Salz
frischer Pfeffer
Fett für die Form

1 Fisch waschen, trocken tupfen und in etwa 4 cm große Stücke schneiden.

2 Zitrone halbieren und den Saft auspressen.

3 Zanderstückchen in eine feuerfeste, mit Öl ausgepinselte Form geben, mit Zitronensaft einreiben und ca. 10 Minuten ziehen lassen.

4 In dieser Zeit Mangoldblätter säubern, trocken reiben und in Streifen schneiden. Zwiebel schälen und fein hacken.

5 Das Öl in einer Pfanne erhitzen, die Zwiebel darin leicht anbräunen, Mangoldblätter dazugeben und das Gemüse mit etwas Weißwein zugedeckt in ca. 8 Minuten garen. Mit Sahne, Crème fraîche, Salz, dem grob gemahlenen Pfeffer und einigen Tropfen Zitronensaft abschmecken.

6 Tomaten waschen, die Stängelansätze entfernen und in dicke Scheiben schneiden.

7 Oreganoblättchen von den Stielen zupfen, mit Tomatenscheiben und dem Mangoldgemüse abwechselnd auf die Zanderstücke verteilen.

8 Im vorgeheizten Ofen auf mittlerer Schiene bei 200 Grad ca. 25 Minuten backen.

Was schmeckt dazu? Wild- oder Vollkornreis.

ROTBARSCHFILET
auf Linsengemüse

→ **Für** 2 Portionen • **Zubereitungszeit** 35 Minuten

2 Rotbarschfilets (ca. 400 g) – alternativ auch Wildlachs, Zander
Saft von ½ Zitrone
4 Karotten
4 Lauchzwiebeln
60 g rote Linsen
2 EL Kokosöl
300 ml Gemüsebrühe
2 EL saure Sahne
½ Bund Dill und Dillspitzen zum Garnieren
Salz
frisch gemahlener Pfeffer

1 Fisch unter fließendem kalten Wasser abspülen, trocken tupfen, mit Zitronensaft beträufeln und zugedeckt in einer Schale kurz ziehen lassen.

2 In der Zwischenzeit Karotten und Lauchzwiebeln waschen, trocken reiben und klein schneiden. Öl in einer Pfanne erhitzen, das Gemüse darin andünsten, Linsen dazugeben, mit Gemüsebrühe ablöschen und ca. 10 Minuten köcheln lassen.

3 Den mit Zitrone beträufelten Fisch darauf legen, mit Salz würzen und zugedeckt weitere 5 Minuten dünsten. Fisch abheben, saure Sahne und Dill unter die Linsen rühren, mit Salz, Pfeffer und etwas Zitronensaft abschmecken.

4 Fisch auf dem Gemüsebett anrichten und mit Dillspitzen garnieren.

Was schmeckt dazu? Bunter Blattsalat, wilder Reis.

LACHSFILET

mit Limetten-Soße

→ **Für** 2 Portionen • **Zubereitungszeit** 20 Minuten

2 Lachsfilets (ca. 400 g)
150 g Crème fraîche (oder saure Sahne)
1 EL Senf (Dijon)
2 TL fein geraspelte Schale der Limette
2 EL Limettensaft
1 EL Honig
¼ Bund Dill – Dillspitzen als Dekoration beiseitelegen
2 EL Sahne
1 EL Olivenöl
Salz, Pfeffer

1 Lachsfilets unter kaltem Wasser waschen und abtrocknen.

2 Das Öl in einer Pfanne erhitzen, die Filets je Seite ca. 4 Minuten anbraten, aus der Pfanne nehmen, in Alufolie wickeln und warm stellen.

3 Inzwischen Dill fein hacken, mit Crème fraîche, Honig, Senf, Limettensaft und der geraspelten Schale gut verrühren. Mit Sahne, Salz und etwas Pfeffer abschmecken.

4 Das Lachsfilet auf zwei Tellern anrichten, Crème-fraîche-Soße darüber geben. Mit Dillspitzen garnieren.

Was schmeckt dazu? Blattspinat, Feldsalat, Löwenzahnsalat, bunter Blattsalat.

ZANDERFILET
mit Knoblauch-Paprika-Paste

→ **Für** 2 Portionen • **Zubereitungszeit** 60 Minuten

2 Zanderfilets (ca. 400 g)
1 Zwiebel
1 Knoblauchzehe
1 rote Paprikaschote
1 EL Tomatenmark
1 EL Balsamico-Essig
1 EL Olivenöl
2 EL Magerquark
2 EL Zitronensaft
Salz, Pfeffer
Fett für die Form

1 Zwiebel und Knoblauch schälen und grob zerteilen.

2 Den Backofen auf 150 Grad vorheizen.

3 Paprika halbieren, putzen, entkernen und mit der Hautseite nach oben unter dem Grill oder im Backofen garen, bis die Haut Blasen wirft.

4 Haut von der Paprika abziehen. Paprika mit Tomatenmark, Essig, der grob gehackten Zwiebel und dem Knoblauch mit dem Pürierstab pürieren. Öl und Magerquark unterrühren und mit Salz und Pfeffer abschmecken.

5 Fisch abspülen, trocken tupfen, mit Zitronensaft beträufeln.

6 Fischfilets in eine gefettete Auflaufform geben und mit der Paprikapaste bestreichen.

7 Im vorgeheizten Ofen bei 180 Grad etwa 30 Minuten zugedeckt garen.

Was schmeckt dazu? Feldsalat, Kopfsalat, Endiviensalat.

FISCHFILET

mit Brennnesselsoße

→ **Für** 2 Portionen • **Zubereitungszeit** 30 Minuten

2 Kabeljaufilets (ca. 400 g)
– alternativ auch Heilbutt, Zander o Ä.
100 g Brennnesselblätter
1 Bund Basilikum
1 Becher Crème fraîche (200 g)
2 EL Milch
1 TL Honig
1 EL Senf (scharf)
2 EL Zitronensaft
1 EL Butter
Salz
frischer Pfeffer
Zitronenscheiben zum Garnieren

1 Brennnesselblätter gut waschen, mit kochendem Wasser übergießen und abseihen.

2 Basilikum wenn nötig waschen, Blätter von den Stielen zupfen und einige Blätter für die Dekoration beiseitelegen.

3 Crème fraîche mit Milch, Honig, Senf, Pfeffer und Zitronensaft verrühren.

4 Brennnessel- und Basilikumblätter dazugeben und alle Zutaten mit dem Schneiderührstab pürieren. Mit Salz abschmecken.

5 Die Kabeljaufilets unter kaltem Wasser waschen und abtrocknen. Butter in einer Pfanne schmelzen, die Filets darin von jeder Seite etwa 3 Minuten braten. Mit Salz und frischem Pfeffer würzen.

6 Den Fisch auf der Brennnesselsoße anrichten, mit Zitronenscheiben und Basilikumblättchen dekorieren.

Was schmeckt dazu? Kleine Butterkartoffeln.

ROTBARSCH
auf Gurken-Zucchini-Gemüse

➔ **Für** 2 Portionen • **Zubereitungszeit** 40 Minuten

2 Rotbarschfilets (ca. 400 g)
1 kleine Gurke
1 Zucchini
½ Becher Crème fraîche (100 g)
2-4 EL Sahne
1 EL Sahnemeerrettich
Saft einer ½ Zitrone
½ TL Honig
1 Schuss Sherry (medium)
4 Lauchzwiebeln
1 TL Dill
4 EL Kokosöl
Salz, Pfeffer und Muskatnuss
Zitronenschnitze und Dill zum Garnieren

1 Rotbarschfilets waschen, trocken tupfen und mit etwas Zitronensaft beträufeln. Beiseite stellen.

2 Lauchzwiebeln, Gurke und Zucchini gut waschen, abtrocknen. Die Zwiebeln fein würfeln, das Grün der Zwiebeln in feine Röllchen schneiden.

3 Gurke schälen, das Kerngehäuse herauskratzen und mit der Zucchini in dünne Scheiben oder Stifte schneiden.

4 2 EL Kokosöl in einer Pfanne erhitzen, Lauchzwiebeln leicht darin anbräunen, Zucchini- und Gurkenscheiben dazugeben und mit einem guten Schuss Cherry ablöschen. Mit Crème fraîche, Sahne, Sahnemeerrettich, der restlichen Zitrone, Honig, Dill, Salz, Pfeffer und Muskat pikant abschmecken.

5 In einer zweiten Pfanne das restliche Öl erhitzen, den Fisch ca. 5 Minuten (je nach Dicke des Filets) darin gar dünsten. Je nach Geschmack salzen und noch etwas Zitronensaft zugeben.

6 Das Gemüse mit den Filets auf zwei vorgewärmten Tellern anrichten, mit Dill und einem Zitronenschnitz garnieren.

Was schmeckt dazu? Wildreis oder Vollkornreis.

GEMÜSEGERICHTE

Ohne Fleisch – nur mit Gemüse – den Hauptgang bestreiten? Geht das? Aber sicher! Für mich gehört Gemüse in den Mittelpunkt einer gesunden Ernährung und nicht nur als Beilage an den Tellerrand. Wenn Sie erkennen, wie abwechslungsreich, wie vielseitig die fleischlose Ernährung sein kann, werden Sie nicht mehr das Gefühl haben etwas zu entbehren.

Es gibt für die Zubereitung von Gemüse kaum Grenzen, nur ein paar kleine Regeln: Möglichst frisch zubereiten und nicht aufwärmen, nur bissfest garen und nicht zu Tode kochen. Außerdem sollte die Vielfalt der Gemüsearten genutzt werden.

Ich wünsche Ihnen gutes Gelingen!

BLUMENKOHL
in Sahne-Meerrettich-Soße

➜ **Für** 2 Portionen • **Zubereitungszeit** 30 Minuten

1 Blumenkohl
30 g Butter
20 g Vollkornmehl
250 ml Gemüsebrühe
125 ml Schlagsahne
2 EL körniger Senf
1 EL Meerrettich (scharf)
1 TL Honig
2 Eigelb
½ Bund Schnittlauch
Salz
frisch gemahlener Pfeffer

1 Blumenkohl waschen, in große Röschen schneiden und in kochendem Salzwasser ca. 5 Minuten bissfest garen. Warm stellen.

2 Butter in einem Topf zerlassen, das Mehl hinein rühren und anschwitzen. Mit Gemüsebrühe und Sahne auffüllen und unter ständigem Rühren ca. 2 Minuten köcheln lassen.

3 Die Soße mit Senf, Meerrettich, Honig, Salz und Pfeffer abschmecken. Das Eigelb verquirlen und unter die Soße heben.

4 Schnittlauch waschen, ausschütteln und in Röllchen schneiden.

5 Blumenkohlröschen auf zwei Tellern verteilen, die Soße darüber gießen und mit Schnittlauchröllchen bestreuen.

Was schmeckt dazu? Butterkartoffeln.

GRÜNER SPARGEL

mit Bärlauchgemüse

→ **Für** 2 Portionen • **Zubereitungszeit** 35 Minuten

1 kg grüner Spargel
200 g Bärlauchblätter oder Blattspinat
1 Zwiebel
2 Knoblauchzehen
½ Becher Sahne (100 g)
1 EL Crème fraîche
2 EL Parmesan
2 EL Olivenöl
Salz, Pfeffer, Muskatnuss

1 Bärlauchblätter unter fließendem kalten Wasser gründlich waschen, abtupfen und fein hacken. Einige Blätter als Dekoration beiseitelegen.

2 Zwiebel und Knoblauch schälen und fein hacken.

3 1 EL Öl in einer Pfanne erhitzen, Zwiebel und Knoblauch darin glasig dünsten. Bärlauchblätter dazugeben, mit Sahne, Crème fraîche, Salz, Pfeffer und Muskatnuss abschmecken. Ziehen lassen.

4 Inzwischen von dem Spargel die trockenen Enden großzügig abschneiden, waschen, trocknen und den Spargel halbieren.

5 In einer zweiten Pfanne das Öl erhitzen, den Spargel unter ständigen Wenden bissfest braten.

6 Bärlauchgemüse auf zwei vorgewärmten Tellern verteilen, Spargel dazu legen und mit Parmesan bestreuen.

Was schmeckt dazu? Butterkartoffeln, Salzkartoffeln.

SÜSSKARTOFFEL
mit Mangoldgemüse

Für 2 Portionen • **Zubereitungszeit** 50 Minuten

2 große Süßkartoffeln (ca. 600 g)
1 kleine Mangoldstaude (ca. 400 g)
1 Zwiebel
2 Knoblauchzehen
6-8 EL Gemüsebrühe
6 EL Weißwein oder trockenen Sherry
1 Becher Crème fraîche (200 g)
4 EL Kokosöl
1 EL Sesamsamen
Salz, Pfeffer, Muskatnuss

1 Die Süßkartoffeln mit einer Bürste unter fließendem Wasser gründlich abbürsten, längs halbieren und vierteln. Die acht Hälften rundum mit 2 EL Kokosöl einreiben und auf ein mit Backpapier ausgelegtes Backblech setzen.

2 Den Backofen auf 200 Grad vorheizen. Die Kartoffeln im Ofen in ca. 20 Minuten gar backen. Sie dürfen etwas Bräune bekommen.

3 Inzwischen Mangoldblätter von der Staude lösen, putzen und gründlich waschen. Die Stiele von den Blättern abschneiden. Die Blätter grob hacken, die Stiele in 2 cm große Stücke schneiden.

4 Zwiebel und Knoblauch schälen und in kleine Würfel hacken. Das Kokosöl in einem Topf erhitzen, Zwiebel und Knoblauch darin glasig dünsten.

5 Mangoldstiele dazugeben, mit Gemüsebrühe angießen und 5 Minuten dünsten lassen, dann die Blätter untermischen. Mit Salz, Pfeffer und Muskatnuss würzen.

6 Den Wein zusammen mit der Crème fraîche unterrühren und das Gemüse weitere 10 Minuten zugedeckt garen lassen. Nochmals abschmecken und ziehen lassen.

7 Das Gemüse mit der Süßkartoffel auf zwei Tellern anrichten und mit Sesamkörnern bestreuen.

VARIATIONEN

Mangold lässt sich auch hervorragend durch Blattspinat oder Wirsing ersetzen.

GURKENGEMÜSE
in Kapernsoße

Für 2 Portionen • **Zubereitungszeit** 30 Minuten

1 Salatgurke
1 Becher Crème fraîche (200 g)
1 EL Senf (scharf)
30 g Kapern
1 TL Honig
2 EL Butter
1 Bund Blattpetersilie
frischer Pfeffer

1 Gurke schälen, der Länge nach halbieren und mit einen Löffel das Kerngehäuse herauskratzen. Gurke in dünne Scheiben schneiden.

2 Butter in einer Pfanne schmelzen, die Gurkenscheiben darin ca. 5 Minuten dünsten. Crème fraîche und Senf unterrühren und das Gemüse zugedeckt 10 Minuten garen.

3 Kapern abtropfen und unter die Gurken mischen. Das Gemüse pikant mit Honig und frischem Pfeffer abschmecken.

4 Petersilie waschen, abschütteln, fein hacken und über das Gemüse streuen.

Was schmeckt dazu? Salzkartoffeln, Kartoffelpüree.

LAUCH-BRENNNESSEL-

Gemüse

→ **Für** 2 Portionen • **Zubereitungszeit** 40 Minuten

250 g Brennnesselblätter oder Blattspinat
1 kleine Salatgurke
1 kleine Stange Lauch
100 g Tomaten
8-10 EL Gemüsebrühe
1 Becher Crème fraîche (200 g)
1 EL Senf (scharf)
1 Zwiebel
2 Knoblauchzehen
1 EL Kokosöl
Salz
frischer Pfeffer
Muskatnuss je nach Geschmack

1 Brennnesselblätter sorgfältig waschen, mit kochendem Wasser überbrühen, abseihen und grob hacken.

2 Gurke schälen, der Länge nach halbieren, mit einem Teelöffel die Kerne herauskratzen und in Scheiben schneiden.

3 Lauch putzen, waschen und in Scheiben schneiden.

4 Tomaten waschen, Stielansätze entfernen und würfeln.

5 Zwiebel und Knoblauchzehen schälen, würfeln und in einem Topf mit dem Öl goldgelb anbraten.

6 Gemüsebrühe, Crème fraîche, Senf, Brennnesselblätter, Lauchscheiben, Tomaten und die Gurke unterrühren und alle Zutaten zugedeckt ca. 8 Minuten garen. Mit Salz, Pfeffer und Muskat abschmecken.

Was schmeckt dazu? Kartoffelpüree, Pastinakenpüree, Pellkartoffeln.

GEMÜSE-
Pflanzerl

→ **Für** 2 Portionen • **Zubereitungszeit** 50 Minuten

1 Karotte
200 g gekochte Erbsen
50 g Ziegenkäse
2 EL Parmesan
1 Zwiebel
3 Knoblauchzehen
1 EL Kokosöl
1 Ei
1 EL Senf (scharf)
2 EL Leinsamenschrot
1 in Wasser eingeweichtes Brötchen (Semmel)
1 Bund Petersilie
1 Handvoll frischer Rucola
einige Tropfen Sojawürze
1 Prise Muskat
½ TL Kreuzkümmel (Kumin)
Salz
frischer Pfeffer
Kokosöl zum Ausbacken
je nach Pflanzerl-Konsistenz feine Haferflocken oder Vollkornmehl zum Binden

1 Zwiebel und Knoblauch schälen, in kleine Würfel schneiden und in einer mit Kokosöl erhitzten Pfanne goldgelb rösten.

2 Karotte waschen, abtrocknen und fein raspeln. Die Erbsen in einer Schüssel mit dem Pürierstab pürieren.

3 Zwiebel, Knoblauch, Leinsamenschrot, Karotte, Ei, Senf und das gut ausgedrückte Brötchen zum Erbsenpüree geben und zu einer kompakten Masse verrühren.

4 Ziegenkäse darunter mischen, mit Parmesan, Salz, Pfeffer, Kreuzkümmel, dem Muskat und der Sojawürze pikant abschmecken.

5 Petersilie und Rucola waschen, trocken tupfen, fein hacken und unter die Masse kneten. Eventuell mit Haferflocken binden. Einige Rucolablätter als Dekoration beiseitelegen.

6 Mit nassen Händen aus der Teigmasse Pflanzerl (Frikadellen, Buletten) formen und in einer Pfanne goldgelb backen.

7 Auf zwei Tellern anrichten und mit Rucolablättern garnieren.

Was schmeckt dazu? Karottensalat, Löwenzahnsalat, bunter Blattsalat.

OFENKARTOFFEL

mit Sesamsamen

→ **Für** 2 Portionen • **Zubereitungszeit** 30 Minuten

800 g Kartoffeln (vorwiegend festkochend)
3 EL Sesamsamen
2 EL Olivenöl
1 EL Schwarzkümmelöl
Salz
frischer Pfeffer

1 Kartoffeln unter fließendem Wasser bürsten und anschließend trocknen.

2 Ofen auf ca. 160 Grad vorheizen.

3 Kartoffeln mit der Schale längs halbieren und mit der Schnittfläche nach oben auf das mit Backpapier ausgelegte Backblech legen.

4 Kartoffelhälften mit den gemischten Ölen bestreichen, Sesamsamen darüber streuen und mit Salz und Pfeffer würzen.

5 Auf mittlerer Schiene bei 160 Grad ca. 20 Minuten goldgelb backen.

Was schmeckt dazu? Eine große Schüssel Feldsalat.

VARIATIONEN

Die Kartoffeln mit Kümmel oder Parmesan bestreuen.

ZUCKERERBSEN

mit Bulgur

→ **Für** 2 Portionen • **Zubereitungszeit** 20 Minuten

400 g Zuckererbsen
100 g Bulgur
150 ml Wasser
4 Knoblauchzehen
1 Becher Sahne (200 g)
1 TL Kurkuma
1 EL Kokosöl
Saft einer ¼ Zitrone
Salz
Pfeffer aus der Mühle

1 Bulgur in einem kleinen Schälchen mit kaltem Wasser bedeckt ca. 2 Stunden quellen lassen.

2 Zuckererbsen waschen, abtrocknen, wenn nötig die Enden entfernen und je nach Größe der Schoten halbieren.

3 Knoblauch schälen und in kleine Würfelchen schneiden.

4 In einer großen Pfanne das Öl erhitzen, die Schoten, den Knoblauch und das Kurkumagewürz dazugeben und unter ständigem Rühren ca. 5 Minuten leicht bräunen.

5 Bulgur unter die Schoten heben, die Sahne unterrühren, mit Zitronensaft abschmecken und eine weitere Minute ziehen lassen. Mit Salz und Pfeffer würzen. Servieren.

VARIATION

Statt Zuckererbsen schmeckt auch Brokkoli hervorragend dazu.

FENCHELGEMÜSE

mit Senf-Sahne-Soße

→ **Für** 2 Portionen • **Zubereitungszeit** 35 Minuten

400 g Fenchel
2 Eier
2 EL Kokosöl
2 EL Senf (scharf)
125 ml Weißwein oder trockener Sherry
1 Becher Schlagsahne (200 g)
½ Bund Schnittlauch
1 TL abgeriebene Schale einer Bio-Zitrone
2 TL Honig
Salz
frisch gemahlener Pfeffer

1 Fenchel waschen, abtrocknen und vierteln. Das Öl in einer Pfanne erhitzen, das Gemüse kurz darin anbraten, mit Weißwein angießen und zugedeckt etwa 10 Minuten dünsten.

2 In der Zwischenzeit die Eier anstechen und in kochendem Salzwasser 10 Minuten garen. In kaltem Wasser abschrecken, schälen, fein hacken und beiseite stellen.

3 Sahne und Senf in das Fenchelgemüse rühren und zugedeckt weitere 5 Minuten garen. Mit Zitronenschale, Honig, Salz und Pfeffer abschmecken.

4 Schnittlauch waschen, abschütteln und in dünne Röllchen schneiden.

5 Fenchelgemüse mit dem gekochten Ei und Schnittlauch bestreuen.

Was schmeckt dazu? Kartoffelpüree oder Pellkartoffeln.

VARIATION

Statt der Salatgurke schmecken auch Zucchini hervorragend dazu.

GEFÜLLTE GURKEN

mit Quinoa

→ **Für** 2 Portionen • **Zubereitungszeit** 70 Minuten

100 g Quinoa oder Vollkornreis
250 ml Gemüsebrühe
1 Salatgurke
2 EL Olivenöl
2 Zwiebeln
2 Knoblauchzehen
200 g Champignons
30 g Parmesan
125 ml Gemüsebrühe
50 g mittelalter Gouda
½ Becher Crème fraîche (100 g)
1 TL Kurkuma
1 Bund Petersilie
Salz
frischer Pfeffer

1 Quinoa mit der Gemüsebrühe (200 ml) aufkochen und bei schwacher Hitze zugedeckt 10 Minuten ausquellen lassen.

2 Backofen auf 200 Grad vorheizen.

3 Zwiebeln schälen und fein würfeln. Champignons putzen, waschen und in dünne Scheiben schneiden. Petersilie waschen, trocken tupfen und grob hacken.

4 Olivenöl in einer Pfanne erhitzen, die gewürfelten Zwiebeln darin anrösten, Champignons dazugeben und so lange dünsten, bis die Flüssigkeit verdampft ist.

5 Knoblauch schälen und zu Mus zerdrücken. Crème fraîche, Quinoa, die gehackte Petersilie und Parmesan zugeben, mit Kurkuma, Salz und Pfeffer würzen.

6 Salatgurke schälen, längs halbieren, das Kerngehäuse entfernen und mit der Quinoa-Champignon-Masse füllen.

7 Gemüsebrühe in eine ofenfeste Form gießen. Die gefüllten Gurken hineinlegen und zugedeckt im Backofen bei 200 Grad ca. 20 Minuten garen. Danach Deckel abnehmen, Käse darüber streuen und offen bei 250 Grad weitere 5 Minuten überbacken.

8 Servieren.

GEMÜSE-
auflauf

➔ **Für** 2 Portionen • **Zubereitungszeit** 50 Minuten

200 g Blumenkohl
200 g Brokkoli
1 Zucchini
100 g rote Paprika
100 g Romadur (20 % Fett)
125 ml fettarme Milch (1,5 %)
½ Becher Sahne (100 g)
2-3 Eier
Salz, Pfeffer, Muskatnuss
Fett für die Auflaufform

1 Blumenkohl und Brokkoli putzen und in kleine Röschen teilen.

2 Salzwasser in einem großen Topf aufkochen. Blumenkohl hinzugeben und 3 Minuten kochen. Dann den Brokkoli zufügen und weitere 2 Minuten kochen. Gemüse abgießen und abtropfen lassen.

3 Zucchini waschen, trocknen, die Enden abschneiden und in Scheiben hobeln.

4 Paprika waschen, das Kerngehäuse entfernen und in dünne Streifen schneiden.

5 Käse mit der Rinde fein würfeln. Milch, Sahne, Eier und Käsewürfel verrühren und mit Salz, Pfeffer und Muskatnuss kräftig abschmecken.

6 Gemüse in eine gefettete ofenfeste Form geben und mit der Eiermilch begießen.

7 Im vorgeheizten Backofen bei 200 Grad etwa 15 bis 20 Minuten überbacken.

Was schmeckt dazu? Kleine in Butter geschwenkte Kartoffeln.

KARTOFFEL-PÜREE

mit Knoblauch und Brennnessel

➜ **Für** 2 Portionen • **Zubereitungszeit** 40 Minuten

500 g Kartoffeln (mehlige Sorte)
250 g Brennnesselblätter
100 ml Milch
3 EL Butter
8 Knoblauchzehen
1 Zwiebel
4 EL Sahne
2 EL Crème fraîche
1 EL Olivenöl
2 TL Parmesan
Salz
frischer Pfeffer
Muskatnuss

1 Geschälte Kartoffeln waschen, vierteln und in Salzwasser 15-20 Minuten garen.

2 In der Zwischenzeit Brennnesselblätter gut waschen, mit kochendem Wasser übergießen, abseihen und fein hacken.

3 Die gekochten Kartoffeln durch die Presse drücken, die heiße Milch mit der Butter darüber geben, mit Salz und Muskatnuss würzen und alle Zutaten gut miteinander verrühren.

4 Die Zwiebel und den Knoblauch schälen, würfeln und in Öl glasig dünsten. Die gehackten Brennnesselblätter dazugeben, nicht mehr kochen, sondern nur kurz untermischen, mit Salz, Pfeffer, Sahne, Crème fraîche und etwas Muskatnuss würzen. Ziehen lassen.

5 Das Gemüse mittig in der Kartoffelpüree-Mulde, mit Parmesan bestreut, servieren.

Wenn Sie in einer Großstadt leben und keine Möglichkeit haben, frische Brennnesseln zu pflücken, können Sie diese durch Blattspinat hervorragend ersetzen. Spinat schmeckt ähnlich wie Brennnessel.
Vorsicht: Die Brennnessel brennt. Zum Sammeln Handschuhe anziehen. Die jungen Triebspitzen, die obersten Blätter, pflücken, sie schmecken am besten.

ZITRONEN-
Rucola-Linguine

→ **Für** 2 Portionen • **Zubereitungszeit** 40 Minuten

250 g Vollkorn-Linguine
200 g Rucola oder Bärlauch
2 Knoblauchzehen
1 EL Kokosöl
1 Becher Crème fraîche (200 g)
1 EL Sahne
1 Bio-Zitrone
½ TL Kurkuma
Salz
frischer Pfeffer
1 TL Parmesan
Zitronenschnitze zur Dekoration

1 Linguine nach Packungsanleitung in kochendem Salzwasser bissfest garen. Abtropfen und beiseite stellen.

2 Zitrone heiß abwaschen und abtrocknen. Die Schale dünn abreiben, sodass vom Weißen nichts mit entfernt wird. Zitrone auspressen.

3 Knoblauchzehen schälen, in dünne Scheiben schneiden oder würfeln.

4 Rucola putzen, waschen, trocken tupfen und in mundgerechte Stücke zupfen.

5 Das Öl in einer Pfanne erhitzen, Knoblauchscheiben und Kurkuma darin leicht anbräunen. Crème fraîche, Sahne und die Zitronenschale dazugeben und etwas einkochen lassen. 2 EL Zitronensaft zufügen und mit Salz und frischem Pfeffer abschmecken.

6 Linguine und Rucola unter die Zitronensoße mischen und sofort servieren. Mit Parmesan bestreuen und einem Zitronenschnitz garnieren.

BUNTE GEMÜSE-
pfanne

→ **Für** 2 Portionen • **Zubereitungszeit** 35 Minuten

250 g Brokkoli
100 g Blumenkohl
200 g Karotten
100 g Zuckererbsen
125 ml Gemüsebrühe
4 Knoblauchzehen
2 EL Sonnenblumenkerne
2 EL Kürbiskerne
1 EL Olivenöl
½ Becher Schlagsahne (100 g)
Parmesan gerieben
1 Schuss Weißwein oder Sherry
Salz
frischer Pfeffer

1 Brokkoli und Blumenkohl waschen und in Röschen teilen. Brokkolistiele schälen und in dünne Stifte schneiden.

2 Karotten und Zuckererbsen waschen. Karotten in 2 cm lange Stifte schneiden, die Zuckererbsen ganz lassen.

3 Knoblauchzehen schälen, in dünne Scheiben schneiden und in einer mit Öl erhitzten Pfanne leicht bräunen.

4 Karottenstifte, Blumenkohl- und Brokkoliröschen sowie Zuckererbsen unter den Knoblauch mischen, mit der Gemüsebrühe angießen und bissfest garen.

5 Gemüsepfanne von der Kochstelle nehmen, Sahne, die Kürbis- und Sonnenblumenkerne mit einem Schuss Sherry unterrühren, mit Salz und Pfeffer abschmecken.

6 Mit frischem Parmesan bestreuen.

Was schmeckt dazu? Folienkartoffeln mit Sauerrahm, Kartoffelpüree.

KARTOFFEL-GEMÜSEKUCHEN

mit Bärlauch

→ **Für** 2 Portionen • **Zubereitungszeit** 90 Minuten

600 g Kartoffeln (mehlige Sorte)
1 große Handvoll Bärlauchblätter (100 g)
250 ml Milch
2 Eier
½ Becher Crème fraîche (100 g)
2 Knoblauchzehen
1 Stange Lauch
250 g Tomaten
125 g Mozzarella
50 g geriebener Parmesan
1 TL Oregano
1 TL Kurkuma
Salz, Pfeffer, Muskatnuss
Fett für die Form

1 In einer großen Schüssel Milch, Crème fraîche und Eier verquirlen.

2 Kartoffeln waschen, schälen und grob in die Eiermilch raspeln.

3 Bärlauchblätter und Lauch sorgfältig waschen und trocken tupfen. Den Lauch in dünne Ringe schneiden, den Bärlauch grob hacken.

4 Knoblauch schälen und fein hacken.

5 Lauch, Bärlauch, Knoblauch und Parmesan unter die Eiermilch rühren, mit Kurkuma, Muskat, Salz und Pfeffer würzen.

6 Ofen auf 200 Grad vorheizen.

7 Eine flache Auflaufform ausfetten und die Masse hineingeben. Bei 200 Grad ca. 40 Minuten vorbacken.

8 In der Zwischenzeit Tomaten waschen, die Stielansätze entfernen und in Scheiben schneiden. Abwechselnd mit dem in Scheiben geschnittenen Mozzarella und den Tomaten auf dem vorgebackenen Gemüsekuchen verteilen. Mit Oregano, Salz und Pfeffer würzen und weitere 15-20 Minuten backen. Servieren.

VARIATION

Da Bärlauch saisonbedingt nicht das ganze Jahr über erhältlich ist, lässt sich dieser hervorragend durch Blattspinat ersetzen.

VARIATIONEN

Statt Brennnessel passt auch Blattspinat, Rucola oder Salbei. Bei Salbei sollte die Menge auf ca. 50 g reduziert werden, sonst schmecken die Pflanzerl bitter.

Was passt dazu? Bunter Blattsalat, Feldsalat oder Karottensalat.

QUINOA-BRENNNESSEL-
Pflanzerl

→ **Für** 2 Portionen • **Zubereitungszeit** 60 Minuten

150 g Quinoa
300 ml Gemüsebrühe
150 g Brennnessel
1 Bund Petersilie
1 große Zwiebel
1 kleine Karotte
50 g Ziegenkäse (Creme)
1 in Wasser eingeweichtes Brötchen (Semmel)
4 große Knoblauchzehen
2 cm Stück frischer Ingwer
2 EL Leinsamenschrot
2 EL Parmesan
1 Ei
2 EL Kurkuma
Salz
frischer Pfeffer
Kokosöl zum Ausbacken

1 Quinoa in der Gemüsebrühe ca. 8-10 Minuten bei mittlerer Hitze im offenen Topf kochen. Ab und zu umrühren, damit die Quinoa nicht anbrennt. Zugedeckt abkühlen und ausquellen lassen.

2 Zwiebel, Knoblauch und Ingwer schälen, in kleine Würfel schneiden und in einer großen Schüssel beiseite stellen.

3 Karotte waschen, fein raspeln und mit den anderen Zutaten in der Schüssel vermischen.

4 Brennnesselblätter und Petersilie gut waschen. Die Brennnesselblätter mit heißem Wasser überbrühen und in einem Sieb abtropfen lassen. Brennnessel und Petersilie fein hacken und zu den Gewürzen in die Schüssel geben.

5 Quinoa, den weichen Ziegenkäse und das gut ausgedrückte Brötchen unterheben und alle Zutaten gut miteinander vermengen. Jetzt das verquirlte Ei und die restlichen Gewürze unter die Masse kneten.

6 Aus dem Quinoa-Teig runde flache Plätzchen formen und im erhitzten Kokosöl goldgelb von jeder Seite braten.

GEMÜSE-HIRSE-
Auflauf

→ **Für** 2 Portionen • **Zubereitungszeit** 65 Minuten

100 g Brennnesselblätter oder Blattspinat
100 g Hirse
450 ml Gemüsebrühe
1 große Zwiebel
1 Stange Lauch
1 rote oder gelbe Paprikaschote
1 Karotte
2 Knoblauchzehen
4 EL Sahne
2 EL Kokosöl
1 Beutel Mozzarella (125 g)
½ Bund Petersilie
1 Ei
50 g geriebener Gouda
einige Stängel Zitronenmelisse
Salz, Pfeffer
Fett für die Auflaufform

1 Brennnesselblätter gut waschen, mit kochendem Wasser übergießen, abseihen und grob hacken.

2 Zwiebel und Knoblauch schälen, in kleine Würfel schneiden und beiseite stellen.

3 Lauch, Karotte und Paprika waschen. Paprika halbieren, das Kerngehäuse entfernen und würfeln. Lauch und Karotte in Scheiben schneiden.

4 Öl in einem Topf erhitzen, die fein geschnittene Zwiebel mit dem Knoblauch darin glasig dünsten. Das geschnittene Gemüse und die gehackten Brennnesselblätter dazugeben und kurz mitdünsten.

5 Die gewaschene Hirse unterrühren, mit der Gemüsebrühe auffüllen und zugedeckt 10 Minuten köcheln lassen.

6 Inzwischen Petersilie und Zitronenmelisse waschen, abschütteln und fein hacken. Das Ei mit der Sahne in einer Tasse verquirlen und die Kräuter mit dem Ei und dem geriebenen Gouda unter das Gemüse mischen. Abschmecken und in eine ausgefettete Auflaufform füllen.

7 Mit dem in Scheiben geschnittenen Mozzarella belegen und im vorgeheizten Backofen bei 200 Grad auf mittlerer Schiene ca. 15-20 Minuten backen. Servieren.

VARIATIONEN

Brennnesselblätter kann man sehr gut durch Blattspinat oder Rucola ersetzen.

SÜSSES UND HERZHAFTES GEBÄCK

ANANAS-VANILLE-Creme

→ **Für** 2 Portionen • **Zubereitungszeit** 15 Minuten

1 kleine reife Ananas
1 Becher saure Sahne (200 g)
2 EL Honig
¼ TL Vanille gemahlen (oder frisch aus der Schote)
Minzeblätter

1 Ananas mit dem Grün der Länge nach halbieren, vierteln und das innere, etwas härtere Stück in der Mitte herausschneiden.

2 Die Frucht mit einem scharfen Messer von der groben Schale trennen. Die in einem Stück ausgelöste Ananas wieder auf die Schale zurücklegen, in mundgerechte Stückchen schneiden und versetzt darauf anrichten. Auf zwei Desserttellern beiseite stellen.

3 Saure Sahne, Honig und Vanille gut verquirlen und über den Ananasstückchen verteilen.

4 Mit Minzeblättern dekorieren.

TIPP

Die Ananas ist reif, wenn sich aus dem grünen Blattschopf ein Blättchen problemlos herauszupfen lässt.

HIMBEER-QUARK-
Creme

→ **Für** 2 Portionen • **Zubereitungszeit** 20 Minuten

100 g Quark (mager)
1 EL Zitronensaft
2 TL Honig
½ Becher Sahne (100 g)
¼ TL Vanille (oder frisch aus der Schote)
125 g Himbeeren
einige Blätter Zitronenmelisse

1 Quark, Zitrone, Honig und Vanille zu einer cremigen Masse verrühren.

2 Sahne steif schlagen und unter die Creme heben. Kalt stellen.

3 Himbeeren verlesen und in einer kleinen Schüssel mit dem Pürierstab pürieren. Als Soße auf dem Dessertteller verteilen. Die Quarkmasse darauf geben und mit Zitronenmelisse raffiniert verzieren.

VARIATIONEN

Sie können zu dieser Quarkcreme auch andere Früchte Ihrer Wahl reichen, z. B. Blaubeeren, Erdbeeren, Brombeeren.

HASELNUSS-
Creme

→ **Für** 2 Portionen • **Zubereitungszeit** 15 Minuten

1 sehr reife Banane
2 frische Feigen
2 EL Zitronensaft
6 EL Nusslikör
4 EL Haselnussmus (Bioladen)
6 EL steif geschlagene Sahne (ca. ½ Becher)
Haselnüsse zum Verzieren

1 Banane mit einer Gabel zu Mus zerdrücken, Zitronensaft untermischen und gut verrühren.

2 Feigen halbieren, mit einem Löffel das Fruchtfleisch herausheben und unter das Bananenmus mischen.

3 Likör und Nussmus gründlich miteinander verquirlen, Sahne unterheben und mit dem Bananenmus gut vermischen.

4 In Dessertgläser füllen, mit Haselnüssen verzieren und sofort servieren.

HEIDESAND-
Plätzchen

→ **Für** 80 Plätzchen • **Zubereitungszeit** 40 Minuten

1 Vanilleschote
100 g Marzipan (Rohmasse)
200 g Butter
80 g Puderzucker
250 g Mehl (Vollkorn)
1 Prise Salz
1 Eigelb zum Bestreichen

1 Vanilleschote aufschneiden und das Mark mit einem scharfen Messer herauskratzen.

2 Die Marzipan-Rohmasse würfeln und in einer Schüssel mit einem Teil der Butter verkneten, bis eine cremige Masse entstanden ist. Dann die restliche Butter, das Vanillemark, den Puderzucker und das Salz kräftig unterarbeiten. Zuletzt das gesiebte Mehl darunter kneten.

3 Den Teig in etwa 2 gleich große Stücke schneiden und 2 Rollen von ca. 30 cm Länge daraus formen. Den Teig im Kühlschrank fast 1 Stunde fest werden lassen.

4 Den Backofen auf 190 Grad vorheizen.

5 Die Teigrollen mit dem verquirlten Eigelb bestreichen und von jeder Rolle etwa 40 Scheiben abschneiden. Diese mit genügend Abstand voneinander auf das ungefettete Backblech legen und auf der mittleren Schiene in ca. 10 Minuten goldgelb backen.

TIPP

Heidesand läuft beim Backen ziemlich auseinander, bitte genügend Abstand zwischen den einzelnen Plätzchen lassen.

INGWER-FLORENTINER-
Plätzchen

Für 50 Plätzchen • **Zubereitungszeit** 40 Minuten

60 g frische Ingwerwurzel
100 g Butter
100 g Honig
100 g brauner Zucker
200 g Mandelblättchen
100 g Sesamsamen
50 g Sonnenblumen- oder Kürbiskerne je nach Geschmack

1 Ingwer schälen, in dünne Streifen schneiden oder fein hacken.

2 Butter, Zucker und Honig unter Rühren aufkochen und so lange köcheln lassen, bis der Zucker geschmolzen ist.

3 Mandelblättchen, Sesam, Sonnenblumenkerne und Ingwer dazugeben und weitere 4-5 Minuten unter ständigem Rühren aufkochen. Von der Herdplatte nehmen und etwas abkühlen lassen.

4 Aus dem Florentinerteig mit einem Teelöffel kleine Häufchen formen, diese auf das mit Backpapier belegte Backblech setzen und im vorgeheizten Backofen ca. 8-10 Minuten bei 180 Grad goldgelb backen.

5 Florentiner erkalten lassen.

Was schmeckt dazu? Brennnessel-Tee, Ingwer-Tee.

TIPP

Die Florentinerhäufchen nicht zu dicht aneinandersetzen, sie laufen beim Backen aus.

HEIL- UND KRÄUTERTEES

Ich empfehle, nicht zu viel Tee auf einmal zu trinken, sondern ihn schluckweise über den Tag verteilt zu genießen. Der Körper bekommt dadurch die Gelegenheit, die Inhaltsstoffe der Heilpflanzen aufzunehmen und scheidet diese nicht ungenutzt wieder aus.

Achten Sie darauf, Heilpflanzentees sowie Brennnessel, Zinnkraut usw. immer nur für eine beschränkte Zeit, als Kur (6-8 Wochen), zu trinken.

Auch Kräutermischungen wie Salbei, Pfefferminze, Thymian usw. sollten öfters gewechselt werden.

Sie können für den Tee trockene oder frische Kräuter verwenden. Wenn Sie sich jedoch für die frischen Kräuter entscheiden, benötigen Sie die dreifache Menge, die ich in den nachfolgenden Rezepten angegeben habe. Eine Ausnahme ist die Ingwerwurzel (s. dort).

Trinken Sie bitte Heilpflanzen- oder Kräuterteemischungen ohne industriell verarbeiteten Zucker (weißen Zucker). Wenn Ihnen der Tee ungesüßt nicht schmeckt, greifen Sie nach einem guten Imkerhonig. Dabei sollte der Tee, bevor Sie den Honig einrühren, etwas abgekühlt sein, da sonst die heilkräftigen Wirkstoffe des Honigs zerstört werden.

TIPP

- Für einen ¼ l Tee empfehle ich 1 TL getrocknete Kräuter oder 3 TL (eine kleine Handvoll) frischer Heilkräuter.
- In der Regel gilt: Frische Kräuter nur kurz ziehen lassen (etwa 3-4 Minuten genügen). Der Tee soll hellgelb oder hellgrün in der Farbe bleiben, wobei getrocknete Kräuter etwas länger ziehen dürfen (ca. 5-10 Minuten).

BRENNNESSEL-*Tee*

Brennnessel-Tee ist blutreinigend, harntreibend und entzündungshemmend. Psoriatiker wissen die Nessel wegen ihrer entzündungshemmenden Wirkung zu schätzen!

1 1 TL Brennnesselblätter auf ¼ Liter Wasser.

2 Die trockenen Brennnesselblätter in einer Tasse mit heißem Wasser aufgießen, kurz ziehen lassen (ca. 5 Minuten), abseihen und schluckweise trinken.

BALDRIAN-*Tee*

Baldrian-Tee ist bekannt für seine beruhigende Wirkung. Seine Heilkräfte beugen Nervosität und Schlafstörungen vor.

1 1 TL Baldrianblätter (oder 1 Teebeutel) auf ¼ Liter Wasser.

2 Die Baldrianblätter oder Teebeutel mit heißem Wasser aufgießen, kurz ziehen lassen (ca. 5 Minuten), abseihen und schluckweise genießen.

INGWER-*Tee*

Ingwer-Tee hilft bei Erkältungskrankheiten, lindert Hustenreiz und senkt Fieber.

1 2 cm Ingwerwurzel auf ¼ Liter Wasser.

2 2 cm von der frischen Wurzel abschneiden, schälen und in dünne Stifte oder in kleine Würfelchen schneiden. Mit kochendem Wasser übergießen und etwa 1 Stunde zugedeckt ziehen lassen. Schluckweise über den Tag verteilt trinken. Der Ingwer kann im Wasser bleiben, nicht abseihen.

KAMILLENBLÜTEN-*Tee*

Das in der Blüte enthaltene ätherische Öl wirkt krampflösend, antibakteriell und entzündungshemmend.

1 1 TL Kamillenblüten auf ¼ Liter Wasser.

2 Kamillenblüten mit heißem Wasser übergießen und ca. 5 Minuten ziehen lassen. Abseihen und schluckweise trinken.

ROSMARIN-*Tee*

Rosmarin-Tee wirkt harntreibend und fördert somit die Ausscheidung von Säuren und Giftstoffen über den Urin.

1 1 TL Rosmarin auf ¼ Liter Wasser.

2 Rosmarin mit kochendem Wasser übergießen und ca. 5 Minuten ziehen lassen. Abseihen und schluckweise trinken.

3 Rosmarin-Tee nicht vor dem Zubettgehen trinken, da der Tee munter macht.

SALBEI-Tee

Salbei-Tee ist für seine schweißhemmende Wirkung bekannt. Außerdem wirkt er entzündungshemmend, krampflösend und desinfizierend.

1 1 TL Salbeiblätter auf ¼ Liter Wasser.

2 Salbeiblatter mit kochendem Wasser übergießen und ca. 5 Minuten ziehen lassen. Abseihen und schluckweise trinken.

3 Wenn Salbei-Tee länger zieht, schmeckt er bitter.

THYMIAN-Tee

Thymian-Tee regt die Drüsensekretion an, entbläht und kräftigt das gesamte Darmsystem.

1 1 TL Thymianblätter auf ¼ Liter Wasser.

2 Thymianblätter mit kochendem Wasser überbrühen und ca. 5 Minuten zugedeckt ziehen lassen. Abseihen und schluckweise trinken.

ZINNKRAUT-Tee

Zinnkraut-Tee entwässert, reinigt das Blut und hilft äußerlich angewandt bei juckenden Hautausschlägen.

1 1 TL Zinnkraut auf ¼ Liter Wasser.

3 Zinnkraut ins kochende Wasser geben, kurz aufkochen lassen und ca. 10 Minuten zugedeckt ziehen lassen. Abseihen und über den Tag verteilt trinken.

PFEFFERMINZ-*Tee*

Pfefferminz-Tee lindert Magen-Darm-Beschwerden, hilft gegen Übelkeit und Kopfschmerzen. Minze kühlt den Körper bei extremer Hitze und gibt ihm Wärme im Winter.

1 1 TL Pfefferminzblätter auf ¼ Liter Wasser.

2 Pfefferminze mit kochendem Wasser überbrühen und ca. 5 Minuten zugedeckt ziehen lassen. Abseihen und schluckweise trinken.

AUTORIN

Marianne Sebök, in München geboren, in der Welt zuhause, ist diplomierte Wellnesstrainerin und Autorin des Bestsellers „Schuppenflechte – Selbstheilung ohne Medikamente". Durch ihr erfolgreiches Ernährungskonzept – einhergehend mit einer gesunden Lebensweise – genießt die Autorin, die vor zehn Jahren selbst an der Schuppenflechte erkrankt war, bis heute ein beschwerdefreies Leben.

Ihre bewährten Rezepte – für eine gesunde Haut – richten sich an alle, die gesund sein, bleiben oder gesund werden wollen.
Gegenwärtig vertieft Marianne Sebök ihr Tätigkeitsfeld im Bereich gesunde Ernährung und Sport.

Weitere Bücher für ein natürlich gesundes Leben

VON UNIMEDICA

Marianne Sebök

SCHUPPENFLECHTE – SELBSTHEILUNG OHNE MEDIKAMENTE

Mein Weg zur Heilung einer unheilbaren Krankheit.
128 Seiten, geb., Best.-Nr. 18118 • **€ 18,–**

Bharat B. Aggarwal

HEILENDE GEWÜRZE

Wie 50 heimische und exotische Gewürze Gesundheit erhalten und Krankheiten heilen können.
512 Seiten, geb., Best.-Nr. 14712 • **€ 29,–**

Mickey Trescott

DAS AUTOIMMUN PALEO-KOCHBUCH

Das erfolgreiche Protokoll bei Allergien, Hashimoto, Zöliakie und weiteren chronischen Krankheiten.
320 Seiten, geb., Best.-Nr. 19415 • **€ 29,–**

Tero Isokauppila

HEILPILZE

Von Reishi bis Cordyceps – Pilze, die die Abwehrkräfte stärken, Kraft und Ausdauer geben, den Stoffwechsel ankurbeln und stressresistent machen.
264 Seiten, geb., Best.-Nr. 23648 • **€ 24,80**

Amy Chaplin

CELEBRATING WHOLE FOOD

Über 150 vegane und vegetarische Rezepten aus Amy Chaplins bunter und köstlicher Vollwertküche.
408 Seiten, geb., Best.-Nr. 19457 • **€ 34,–**

Jack Norris / Virginia Messina

VEGAN FOR LIFE

Der Leitfaden für ein gesundes, fittes Leben und einen pflanzenbasierten Ernährungsstil.
336 Seiten, geb., Best.-Nr. 21599 • **€ 19,80**

Direkt bestellen bei: www.narayana-verlag.de

In unserem Onlineshop führen wir ein großes Sortiment an Büchern über gesunde Lebensführung, Naturkost-Produkte, Superfoods und vieles mehr.

Online finden Sie ausführliche Informationen zu den einzelnen Titeln sowie aussagekräftige Leseproben.

Bestellhotline:
0049 (0) 76 26 97 49 70-0
Täglich 7.30 bis 21.00 Uhr, auch am Wochenende

Narayana Verlag GmbH,
Blumenplatz 2, D-79400 Kandern
info@narayana-verlag.de

Versandkosten: Innerhalb Deutschlands ist Versand von Büchern portofrei, für andere Produkte: € 2,80. Ab Auftragswert von € 19,– ist Versand für alle Produkte portofrei. Österreich, Schweiz: Ab Auftragswert von € 60,– ist Versand portofrei.

Geschäftsführer: Dr. Herbert und Katrin Sigwart, HR: Amtsgericht Freiburg, HRB 413609, Redaktioneller Inhalt: Dr. Katrin Sigwart. Preisänderungen oder Irrtümer sind vorbehalten.

MAN-KOSO PREMIUM

Fermentiertes Enzym- und Aminosäuren-Konzentrat aus Gemüse und Früchten

Über einen Zeitraum von drei Jahren und drei Monaten werden die mehr als 40 rein natürlichen Nutzpflanzen fermentiert, d.h. nicht alkoholisch vergoren. Die Zutaten werden so in ihre Bestandteile, fermentierte Enzym- und Aminosäuren, aufgespalten. Ohne eigenes Dazutun stehen dem Körper diese bioaktiven Substanzen frei und „vorverdaut“ zur Verfügung

Man-Koso Premium kann ergänzend zu jeder Art Therapie und Behandlung verwendet werden und wird in nahezu homöopathischen Dosierungen verzehrt (ca. 2,5 g – 3 g pro Tag)

145 g Glas, Best.-Nr. 11629

€ 179,–

Man-Koso PREMIUM
60 Beutel

Die praktischen Portionsbeutel für unterwegs 150 g Paste (60 Beutel à 2,5 g) fermentiertes Enzym- und Aminosäuren-Konzentrat aus Gemüse und Früchten

60 Beutel, Best.-Nr. 15269

€ 179,–

Unsere

BESTSELLER

PIURA SUPERFOODS

Chlorella Tabletten *
250 g, Best.-Nr. 16589 • **€ 12,60**

Flohsamenschalen Pulver *
250 g, Best.-Nr. 21983 • **€ 5,50**

Guarana Pulver *
100 g, Best.-Nr. 16039 • **€ 10,60**

Hanfprotein Pulver *
1 kg, Best.-Nr. 21981 • **€ 18,60**

Maca Pulver, gelatiniert *
300 g, Best.-Nr. 15458 • **€ 10,40**

Matcha Pulver *
100 g, Best.-Nr. 21917 • **€ 16,40**

Spirulina Tabletten *
250 g, Best.-Nr. 16590 • **€ 9,60**

UNIMEDICA

Sango Koralle 1100 mg
100 % fossile Korallen, eine natürliche Quelle für Calcium und Magnesium im körpereigenen Verhältnis von 2:1.
180 Kapseln, Best.-Nr. 24910 • **€ 19,80**

Camu-Camu-Extrakt 500 mg
Hochdosiertes natürliches Vitamin C.
120 Kapseln, Best.-Nr. 24911 • **€ 13,50**

Acerola-Extrakt 494 mg
Hochdosiertes natürliches Vitamin C.
180 Kapseln, Best.-Nr. 24912 • **€ 19,50**

Vitamin B12-Lutschtabletten
Für ein funktionierendes Nerven- und Immunsystem.
100 Tabletten, Best.-Nr. 24913 • **€ 14,90**

L-Arginin 620 mg
Hochdosiertes rein pflanzliches L-Arginin.
365 Kapseln, Best.-Nr. 24944 • **€ 18,50**

Bio-Grapefruit-Extrakt
Hochkonzentriertes Bio-Grapefruit-Extrakt.
100 ml, Best.-Nr. 24945 • **€ 19,70**

Magnesium 500 mg
Tri-Magnesium-Di-Citrat für eine schnelle Resorption.
180 Kapseln, Best.-Nr. 24946 • **€ 14,50**

Vitamin-D3-Tropfen
50 ml,
Best.-Nr. 24904
€ 12,99

Auch als 3er-Set erhältlich
3 x 50 ml, Best.-Nr. 24961
€ 35,97 statt € 38,97

Vitamin-D3/K2-Tropfen
50 ml, Best.-Nr. 24905
€ 18,90

Hyaluronsäure Kapseln
90 Kapseln,
Best.-Nr. 24906 • **€ 14,50**

Schwarzkümmelöl gefiltert
250 ml, Best.-Nr. 24948 • **€ 11,80**

Schwarzkümmelöl ungefiltert
1000 ml, Best.-Nr. 24949 • **€ 23,90**

Schwarzkümmelöl-Kapseln 500 mg
400 Kapseln, Best.-Nr. 24951
€ 19,80

Bio Hanföl *
250 ml,
Best.-Nr. 24952
€ 8,50

Bio Kokosöl nativ *
500 ml, Best-Nr. 24953
€ 7,90

Bio Kokosöl nativ *
1000 ml, Best.-Nr. 24954
€ 12,90

NACHWORT

Krankheit entsteht grundsätzlich auf zellulärer Ebene, das bedeutet, unsere Zellen des Körpers sind Bausteine, die uns gesund erhalten oder krank werden lassen. Dementsprechend muss die Heilung genau dort ansetzen.

Es ist keine Lösung, dauerhaft Medikamente einzunehmen. Jede Einnahme von Medikamenten ist ein Eingriff in das natürliche Regulationssystem unseres Körpers. Sie können sicher sein, die Medikamente werden ihre negativen Spuren hinterlassen.

Medikamente sind gegebenenfalls eine kurzfristige Krücke, die Ihren Körper, der eigentlich Ruhe braucht, künstlich am Laufen hält.

Es gibt einen Grund, warum die Schuppenflechte bei Ihnen ausgebrochen ist. Sowohl falsche Ernährung als auch massiver Stress sind bedeutende Faktoren, um nur zwei der möglichen Auslöser zu nennen.

In meinem Buch – Schuppenflechte Selbstheilung ohne Medikamente – gebe ich viele praktische Anleitungen, wie Sie Stress bewältigen, Ballast abwerfen und sich Zeit fürs Zeithaben gönnen können. Ergänzt wird das Buch mit Saftrezepturen, Yogaübungen, Kneippanwendungen und Hautpflegetipps.

Es gibt Genesung!

Ich genieße seit zehn Jahren ein beschwerdefreies Leben!

ABBILDUNGS-VERZEICHNIS

Cover:

© **Narayana Verlag**: links oben, rechts oben und unten

© **Marianne Sebök**: links unten

Shutterstock.com

© **Helga Pataki**: Hintergrund

© **Apostrophe**: Hintergrund

© **Marianne Sebök**
Seite 22, 54-55, 90, 112, 115, 124, 127, 130, 144, 162, 165

© **Jörg Wilhelm**
Seite II, IV, VII, VIII, 39, 86, 89, 95, 97, 98, 103, 104, 109, 111, 116, 121, 123, 128, 133, 135, 139, 143, 147, 151, 152, 157, 158, 161, 166, 169, 170, 175

© **Elisabeth Zumkehr**
Seite VI, 41, 43, 47, 50, 53, 57, 61, 65, 66, 73, 74, 77, 81, 82

© **Karin Jerg**
(Rahmen) Seite II, IV-VIII, 7, 46, 71, 90, 112, 115, 124, 127, 130, 144, 162, 165, 181, 182

Shutterstock.com

© **ifong**: Seite I; © **Pakhnyushchy**: (Hintergrund) Seite IV-VIII, 2, 4, 8, 14, 16, 23, 26, 28, 31, 34, 38, 39, 40, 46, 48, 60, 62, 64, 68, 83, 84, 86, 88, 90, 106, 111, 112, 114, 115, 116, 120, 124, 127, 130, 136, 141, 144, 148, 149, 152, 155, 161, 162, 165, 166, 168, 171, 173, 174, 178, 181; © **Diana Taliun**: Seite IV, 25, 179; © **g215**: Seite V, 20;
© **Geo-grafika**: Seite V, 34;
© **Maks Narodenko**: Seite V, 25, 112;
© **Dziewul**: Seite 2; © **stockcreations**: Seite 7; © **Serg64**: Seite 13; © **Davydenko Yuliia**: Seite 16; © **JIANG HONGYAN**: Seite 18;
© **Maren Winter**: Seite 18; © **Brent Hofacker**: Seite 19; © **Olena Boronchuk**: Seite 20; © **Chunni4691**: Seite 21; © **AMV_80**: Seite 24;
© **Africa Studio**: Seite 24, 45;
© **onair**: Seite 26; © **Quanthem**: Seite 27; © **Maceofoto**: Seite 27, 179; © **Dionisvera**: Seite 28, 58; © **meaofoto**: Seite 29; © **Jiri Hera**: Seite 29, 48, 62; © **MaraZe**: Seite 30; © **Sea Wave**: Seite 31; © **aboikis**: Seite 32; © **gresei**: Seite 32; © **AlenKadr**: Seite 32; © **rawf8**: Seite 33; © **Jit-anong Sae-ung**: Seite 33; © **Gayvoronskaya_Yana**: Seite 33; © **Lusie Lia**: Seite 35; © **AS Food studio**: Seite 35; © **Corinna Huter**: Seite 36;
© **JIL Photo**: Seite 36; © **Antonova Anna**: Seite 37; © **Matt Jones**: Seite 37; © **Osipovfoto**: Seite 38;
© **Valentyn Volkov**: Seite 44;
© **Boris Diakovsky**: Seite 46;
© **Tadeusz Wejkszo**: Seite 49;
© **Scisetti Alfio**: Seite 59;
© **Robyn Mackenzie**: Seite 63;
© **VICUSCHKA**: Seite 68, 118, 176; © **Viktor1**: Seite 70; © **bitt24**: Seite 71; © **Vova Shevchuk**: Seite 78; © **NinaM**: Seite 79; © **Viktar Malyshchyts**: Seite 85; © **Kovaleva_Ka**: Seite 90, 115; © **Nattika**: Seite 92; © **Volosina**: Seite 93;
© **Perutskyi Petro**: Seite 100;
© **Lepas**: Seite 101; © **Anna Kucherova**: Seite 107;
© **photolinc**: Seite 119; © **Hong Vo**: Seite 124; © **bonchan**: Seite 127;
© **sarsmis**: Seite 136;
© **GooDween123**: Seite 140;
© **Vova Shevchuk**: Seite 144, 162;
© **bergamont**: Seite 154; © **Scorpp**: Seite 172; © **photokup**: Seite 173; © **natalia bulatova**: Seite 176; © **Carmen Rieb**: Seite 178;
© **Ekaterina Kondratova**: Seite 180; © **Beneda Miroslav**: Seite 180; © **LianeM**: Seite 180;
© **Lilyana Vynogradova**: Seite 181

STICHWORT-VERZEICHNIS

BEZUGSQUELLEN

Die meisten der im Buch erwähnten Produkte sind in gängigen Naturkostläden erhältlich.

Sie können sie auch direkt über unseren Online-Shop **www.narayana-verlag.de** in der Kategorie "Naturkost" erhalten. Dort finden Sie ein großes Sortiment an ausgewählten Naturkostprodukten, u. a. auch seltene Produkte wie Yacon-Sirup. Auch Nahrungsergänzungsmittel unserer Eigenmarke „Unimedica" und viele Superfoods sind dort erhältlich.

IMPRESSUM

Marianne Sebök
Schuppenflechte »Ade«
Genesung, die von innen kommt
Meine bewährten Rezepte für eine gesunde Haut

1. deutsche Ausgabe 2016
2. deutsche Ausgabe 2019

ISBN 978-3-946566-41-0

Layout und Satz: Karin Jerg, Staufen

Herausgeber:
Unimedica im Narayana Verlag GmbH
Blumenplatz 2, D-79400 Kandern
Tel.: +49 7626 974-970-0
E-Mail: info@unimedica.de
www.unimedica.de

WEITERE WERKE IM NARAYANA VERLAG

Marianne Sebök

Schuppenflechte Selbstheilung ohne Medikamente

Mein Weg zur Heilung einer unheilbaren Krankheit

128 Seiten, geb., € 18,–

Marianne Sebök war stolz darauf, gesund, leistungsstark und fit zu sein. Doch ein hohes Maß an Stress forderte seinen Tribut – zunächst schleichend, mit kleinen roten Pünktchen an den Beinen. Ihr Arzt diagnostizierte einen Pilz und verschrieb Kortisonsalbe. Ein Jahr lang versuchte sie erfolglos, die Pünktchen loszuwerden – bis die Krankheit plötzlich mit voller Wucht ausbrach. Die niederschmetternde Diagnose ihres neuen Arztes: „Schuppenflechte – nicht heilbar."

Bereit zu kämpfen, unterzog sich *Marianne Sebök*, deren Körper bald einer „großen, rot glühenden Landkarte" glich, diversen konventionellen Behandlungsmethoden, die jedoch nichts nützten und teilweise verheerende Nebenwirkungen hatten. Nach einer Zeit der Verzweiflung entschloss sie sich, ihr Leben wieder selbst in die Hand zu nehmen und komplett umzugestalten: Für ihre Selbstheilung änderte sie ihren Alltag und ihre Ernährung, erstellte ihr eigenes Fitness- und Erholungsprogramm, wendete naturheilkundliche Verfahren an – und hatte damit überragenden Erfolg!

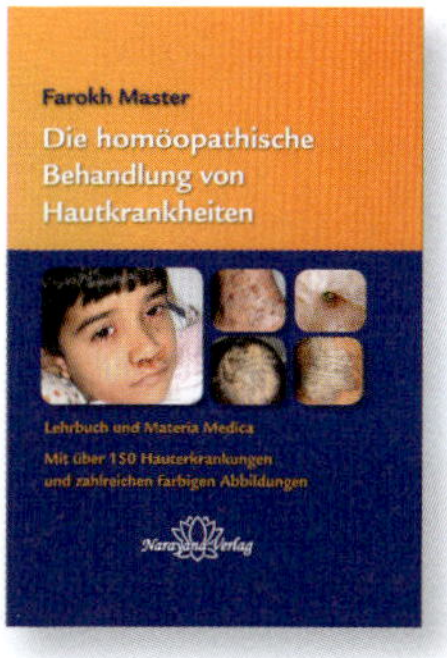

Farokh Master

Die homöopathische Behandlung der Hautkrankheiten

Lehrbuch und Materia Medica – mit über 150 Hauterkrankungen und zahlreichen farbigen Abbildungen

568 Seiten, geb., € 69,–

Dr. Master beschreibt in seinem Buch rund 150 Erkrankungen der Haut, der Haare und der Nägel. Er erörtert homöopathische Behandlungsansätze für akute Zustände (z. B. Verbrennungen, infektiöse Dermatosen) sowie für chronische und schwere Dermatosen (z. B. Ekzeme, Pruritus, Mykosen, Lepra und Tuberkulose). Auch die sexuell übertragenen Krankheiten und seltene Krankheiten wie Hydroa vacciniformia sind Bestandteil seines Werks.